你累了嗎？

上班族

Are You Tired?
Secret Of Stars And Blood Types.

×

血型解析
大公開

六分儀／編著

充分瞭解自己的優勢
才可以發揮最大的潛能
給自己一個積極的心理暗示
克服個性上的弱點
才可以還給自己一個美麗的心情

上班累了嗎？
沒有衝勁、
失去所有熱情？

好玩的星座×血型指引你
發現自己的個性特色

GO!!

BUS
STOP

NONSTOP TO NEW YORK

永續圖書線上購物網

讀品文化
事業有限公司

WWW.foreverbooks.com.tw
yungjiuh@ms45.hinet.net

幻想家系列　07

你累了嗎？上班族星座╳血型解析大公開

編　著	六分儀
出版者	讀品文化事業有限公司
執行編輯	林于婷
美術編輯	劉逸芹

騰訊讀書　　　華夏原創網

本書經由北京華夏墨香文化傳媒有限公司正式授權，
同意由讀品文化事業有限公司在港、澳、臺地區出版
中文繁體字版本。

非經書面同意，不得以任何形式任意重製、轉載。

總經銷	永續圖書有限公司
	TEL／(02) 86473663
	FAX／(02) 86473660
劃撥帳號	18669219
地　址	22103　新北市汐止區大同路三段 194 號 9 樓之 1
	TEL／(02) 86473663
	FAX／(02) 86473660
出版日	2013年06月

法律顧問	方圓法律事務所　涂成樞律師
CVS代理	美璟文化有限公司
	TEL／(02) 27239968
	FAX／(02) 27239668

國家圖書館出版品預行編目資料

你累了嗎?上班族星座X血型解析大公開/六分儀編著.
-- 初版. -- 新北市：讀品文化，民102.06
　　面；　公分. -- (幻想家；7)
　　ISBN 978-986-6070-91-4(平裝)
　　　1.占星術 2.血型
292.22　　　　　　　　　　　102006389

Contents

Chapter 1
知己知彼百戰百勝

Chapter 2
你失去熱情了嗎？

Chapter 3
你感到疲憊了嗎？

Contents

Chapter 4

上班族生存之道

知己知彼
百戰百勝

Are You Tired?

Secret Of Stars And Blood Types.

你所不知道的A型人

A型人往往是一群有著豐富知識、遠大理想，以及強烈使命感的人。他們既擁有著出眾的魅力，卻也不乏偶爾犯點小錯，具備謙遜、低調的特質，卻也隨時堅守著自己的性格。

1. 優點

天資聰穎，認真穩健；具有服務意識，善於照顧他人；有禮貌，態度良好；不易受騙，能察言觀色；不會甜言蜜語，有公德心，行為得宜、有節制。

富有團隊精神，有責任感，工作認真；不喜歡出風頭；有知識，有理想；踏實慎重，小心翼翼；自尊心強；講理；善於做決斷；能分辨好壞；為人公正，具有犧牲精神；思考問題比較周到；做事乾脆，不拖延；耐心進取，相當努力；有使命

感，嚴於律己；執著，不辭辛勞；具有中庸精神；不會沉溺於自己的輝煌，不容易滿足現狀。

2. 缺點

目光短淺，行事表面化；神經質，疑心重，不信任他人；多一事不如少一事的心態；油腔滑調，偽善；不善於創新，缺乏積極性和主動性。

3. 特性

最討厭對方不懂得仔細觀察自己深沉的心意，更拒絕對方太過露骨的表現方式。過度地恭維，對B型人或許管用，對A型人則是反效果，奉承逢迎只會招來厭惡。特意製造的驚喜也可能變成震驚和憤怒，有善意的驚喜還是提前預告比較好。

與A型人談話時切忌貿然下結論，也別說太多離經叛道的異說。表現十分謙遜的A型人，仍希望你能牢記他的恩惠。別冤枉A型者，這會讓他記恨許久；別批評他的家庭，更別批評男性的A型情

人或是以下犯上。

4. 欣賞的類型

喜歡對方衣著樸素，做事認真，具備行動力，頭腦靈敏，信心果決，關心家庭與投資理財。

5. 戀愛訊號

害羞而內向的A型人即使對直覺上認為不錯的人也不會毫不客氣的邀約。一緊張就會面紅耳赤的A型人主要是怕對方知道自己忐忑不安的心情。

6. 財務觀念

一絲不苟的A型人，在理財方面也非常保守，大部分A型人的存摺裡都會有一筆積蓄，他們對錢也比較沒有安全感，覺得錢放在銀行裡最好。即使利息節節下降，A型人還是不太願意將錢拿去投資。因此，A型人不見得都很有錢，但也不會有缺錢的時候，因為他們也不讓自己大筆支出。

如果你有一位A型的朋友，你可能會覺得這

個人很「鐵公雞」，對於錢似乎錙銖必較，其實不然，A型人只是比較會考慮他們所花的錢是否得到一定的價值而已，假如是他們認為該花的，A型人比任何人都豪爽。

7.服裝偏好

對服裝潮流很敏感，喜歡打扮，卻不華麗；愛好清潔；強調重點，色彩感受很好，挑選服裝時，以色彩為主。

A型人等於憂鬱的藍色

在人們的常識中，藍色即意味著憂鬱，因為藍色是一種情感化很重的顏色，而喜歡藍色的人往往喜歡待在自己的世界裡並且對別人一直存在戒備心理。

A型人的情感總是十分豐富，他們很容易被

自己感受到的一些色彩、聲音、協調的美感以及有節奏的生活所打動。他們生來傳統，容易戀舊，甚至時常獨自一個人就莫名其妙地憂傷了起來。

習慣憂傷，往往會對生活中有些事情想不開、放不下，每每這時候他們就會順便將自己封閉起來，於是會更憂傷。

A型人做任何事情都習慣小心謹慎、瞻前顧後，並力爭做到完美無缺。正是因為他們對完美的刻意追求，往往會受到殘酷的現實打擊。理想中的完美與現實的殘缺，給他們的心理帶來落差的同時，也帶來了憂鬱的心情。

A型人天生一副憐憫心腸，他們不僅在心理上同情弱者，在行動上也很積極主動，儘管他們也會時時提醒自己，不要總是對可憐的人提供施捨，那會助長他們的懶惰和依賴。他們善良，同時又滿腔的大局氣度。

對於A型人來講，集體的利益、國家和民族的利益，以及追求一個天下美好的盛世，是他們重大的使命所在，他們並會為此而孜孜不倦的奉獻。心繫那麼多的事情，總是給自己背負著強大的使命感，心情自然會常被打擾，憂鬱也就不請自來了，這時候，想灑脫生活也就不容易了。

A型人感情豐富卻也變化多端，他們時常顧慮重重、優柔寡斷，很容易就鑽牛角尖，因為他們太容易自我曲解了。

他們經常會對自己缺乏信心，往往覺得自己沒有比別人做得出色。由於對自己的片面認識，他們總是對自己抱以自我掩飾的心態，他們太過在意外界對他們的評價，因此他們對自己所做的事情更加謹慎，甚至會謹慎過頭，想太多反而壓抑更多。

另外，A型人在判斷事物的時候，往往一味跟著自己的感覺走，很少與別人商量或傾聽他人意

見。所以，他們的看法通常帶有較多的主觀因素。但問題的關鍵是，並非所有的新事物都可以用常理去推斷，這就促使A型人的敏感情緒產生變化了。

A型人的敏感、多疑、孤僻、善良，注定了這些人的生活會多出一些憂鬱的味道。儘管A型人與藍色之間可以畫上等號，但這並不是A型人絕對會與憂鬱相伴終生。既然改變不了血型的現實，那就儘量改變一下自己的生活習慣。

A型人平時多加強一些與人的溝通；做事細心謹慎固然好，但不要太過敏感，想開一些；學著換位思考，當遇到令自己心煩的事情時，不要鑽牛角尖，而是要站在別人的角度，重新審視一下事情的經過；善良是種美德，用快樂的心去做善事，不要顧慮太多。

A型人的職場表現

不同血型的人在職場中的表現不同，包括他們是否能與同事友好相處，是否為工作過多擔憂，是否對工作盡心盡責，甚至影響他們是否能成為老闆等等。

A型人希望一起合作實現目標，他們不像O型人那樣宣傳個人英雄主義，崇尚007那樣的孤膽英雄；也不像B型人那樣懶散緩慢，缺少嚴謹的工作態度，更不會像AB型人那樣喜歡猜疑。

研究員曾做過一個實驗──他們把實驗對象按A、B、O、AB型分成四組，每組有三人。指定A型組的人去調查嬰兒用品市場，B型組的人調查女性用品市場，O血型組的人調查男性用品市場，AB型組的人調查老年人用品市場。

比賽前，研究員對他們説：「假設我們在招聘人才，我們是請錄取者來開發市場，所以你們必須對市場有敏銳的觀察力。讓大家調查這些行業，

是想看看大家對一個新行業的適應能力，每個小組的成員務必全力以赴！」隨後，又補充道：「為避免大家盲目展開調查，我已經請助理準備了相關行業的資料，離開時請到助手那裡領取。」

　　兩天後，12個人都把自己的市場調查分析報告送到了研究員那裡。他們看完之後，站起身來，走向A型組的3個人，與之一一握手，並祝賀道：「恭喜三位，你們出色的完成了這次任務。」

　　研究員看見大家疑惑的表情，平靜的解釋：「請大家打開助理給你們的資料，互相看看。」原來，每個人得到的資料都不一樣，A型組的3個人得到的分別是嬰兒用品市場過去、現在和未來的分析，其他兩組也是類似。

　　研究員說：「A型組的3個人很聰明，互相借用了對方的資料，補全了自己的分析報告。而其他三組的9個人卻分別行事，拋開隊友，各做各的。

我出這樣一個題目，主要目的是想看看大家的團隊合作意識。B、AB、O型三組失敗的原因在於，你們沒有合作，忽視了隊友的存在。你們必須知道，團隊合作精神才是現代企業成功的保障。所以，在這次試驗中，A型組做得最好。」

A型人的合作意識正是現代職場所欣賞的。現代企業在強調個人素質的同時，更是重視團隊合作精神。一棵大樹永遠成不了森林，只有森林茂密，樹才能享受更好的生長條件，同樣地，只有團隊獲得成功，個人才能獲得成功。

合作的技巧其實很簡單，端看你是否願意掌握它，如果你總覺得自己很了不起，而不考慮別人的感受，是不會受別人歡迎的，當然就不會有「人緣」，所以基本的溝通與合作技巧是年輕人必須學習的。如果你多注意一些溝通技巧的話，就可以為你營造一個好的合作氛圍。

1. 用動作求得一致

你付出什麼，就收穫什麼。如果與合作者合作愉快的話，那麼你們之間就會產生默契，或者說有一種感應。若是人們相處得非常好，那麼他們彼此的動作、表情和神韻自然都很相似。

如果你將自己和溝通良好者的交談情形錄下來，再倒過來看看，你會發現這種交談很像是在表演，一人擺出了某種動作，另一個自然就跟了上來。通常只有當你和別人相處融洽時，才會產生這種默契，透過這種體態語言的一致，你和你的交談對象完全進入了合作狀態。

2. 做一個傾聽者

能夠聆聽他人是一種美德，年輕人應該具備這種美德。人人都希望有一個傾訴對象，也希望別人瞭解自己，但是如果兩個人都希望傾訴和被瞭解，卻沒有一個人願意傾聽的話，兩人要麼爭吵，

要麼互相不願碰面。

　　因此，你想被別人瞭解，得先學會聽別人傾訴；只有願意瞭解別人的人，才能被別人瞭解。

你所不知道的B型人

B型人身上存在著很多與其他血型不同的地方——快樂、好動、愛說話、親切、淡泊、吵鬧、心浮氣躁、膽大、冒險、粗心、好辯、意志容易動搖、行為誇張,這些都可以用來形容B型人,他們是比較粗線條的人,喜歡憑直覺做事。

B型人熱愛自由,不喜歡被禁錮,不愛計畫,喜歡根據自己的喜好行事。他們具有孩子般的強烈好奇心,對一切未知都願意去嘗試。他們碰見自己喜歡的東西時,便會不惜付出代價。

1. 在工作上

B型人做事可以不為錢不為利,只單純地享受工作過程中的樂趣。對B型人而言,如果工作中他感興趣的部分消失時,那麼他們就會覺得這份工

作對他失去了意義，沒有再繼續下去的必要，所以B型人會為了自己的興趣放棄很多事情。B型人滿有才華，有些人會在事業上取得令人矚目的成績，而有些B型人則會懷才不遇。很多出色的作家、顧問、教師、商人乃至專家、學者都來自於B型人。他們的可塑性最強，是四種血型中是最為突出的。

2. 在金錢方面

B血型的人通常表現的比較大方，而且全憑情緒而定。他們花錢沒有計劃，而且不會理財；非常好客，經常大宴賓客。所以在財政上，B型人經常處在比較混亂的狀態，很容易變成月光族。

3. 在人際關係中

B型人在交際上具有天生的融通性，寬容大方，善待他人，能將別人的優點兼收並蓄，集眾家之長，獨創自家之大成。他們朋友多、人緣好，左右逢源，為事業和人生的發展累積了重要的人脈。

同時，B型人熱愛和平，對公理的把握和對公平原則深有同感。因為不記愁也不記仇，所以沒有什麼煩惱，B型人的人生比其他血型的人來得快樂輕鬆。

4. 在做事方式上

B型人容易感情用事，常常因為難以控制自己的情緒而得罪他人。B型人因為重視理想，而輕視實踐，所以現實中缺乏可操作的辦法和應變能力。對於即將發生的問題，O型人會馬上採取行動和措施，A型人則會防患未然，AB型人會在不利因素中尋求有利因素做為突破，但B型人可能會有點措手不及。

5. 在情緒方面

B型人的情緒變化較大，源自於自己心態，所以有時連他們自己也說不清楚情緒發生變化的原因。此外，B型人情緒變化時，表現得很直接，

讓人一下子就能看出來。不過，B型人一般不會採取大喜大悲形式，而是表現得急躁、沉悶、沮喪不已，不像A型人那麼激烈。即使B型人處於焦躁不安的狀態之中，他們的理智也不會全然喪失，仍能保持一定的冷靜和客觀。

6. 在感情上

B型人在沒有情感牽扯的時候，頭腦清晰冷靜，一旦陷入感情的漩渦，他們的世界順序就會被打亂了。B型人對待感情完全憑直覺，一旦對某個人感興趣，那麼地位、名聲、金錢等，在他們眼中就顯得非常不重要了。B型人樂意將自己的感情和別人分享，但對別人的評價會比較公正客觀。

7. 在生活態度上

B型人喜歡變化的生活方式，因此經常會大膽接觸一些新奇的事物，尋求刺激。他們不會將自己侷限在某個範圍之中，愛好到處走走。B型人具

有獨行俠般的思考方式，他們喜歡輕鬆的環境氛圍，擁有屬於自己的空間，遠離紛擾複雜的世界，獨自享受簡單的生活。B型人覺得生命是一場快樂的宴會，有親情、有愛情、有友情，有音樂、有美食，但這一切會隨著時間而逐漸變淡、消失，所以，生活上他們毫不拘束、揮灑自如，不在意生活中細枝末節、令人不滿意的地方，儘量享受每分每秒的歡樂與幸福。

B型人的人生充滿情趣和自由自在。B型人對於生命並沒有很強烈的執著性，不會刻意去要求自己一定要得到什麼，或要求其他人做到什麼，既不約束自己也不約束別人。所以，B型人的人生一般都是最快樂、最自由、最幸福的。

B型人，職場中的自由主義者

職場中，B型人性格上的優勢是想像力豐富、果斷、處理事情乾淨俐落、有毅力；不足之處是性急、極端、自我中心、隨心所欲，把事情想像得太簡單。B型人對於自己喜歡的事物會表現出驚人的集中力，所以很快就能完成，但有時候他們易受情緒影響，做出大家不認可的事情而被誤解。

B型人喜歡別出心裁，以獨創的方式進行工作，不太喜歡與人合作、集體討論專案，又不喜歡單一呆板的環境，不太愛遵守紀律與規則，所以B型人是天生的自由派，適合從事創造性的工作。

有時候，B型人對於上司指派給自己「不得不做」的事情會很懶散，而對於與自己關係不大但「不得不做」的事情卻很勤快，而且會拚命的儘快完成。

關於事業，B型人覺得遲早會取得一定的成就，於是經常把「立業」這個問題留到明天思考。

另外，B型人比較自我的一點就是，如果工作中有令他不愉快的地方，他會毫不惋惜地辭掉這份工作。在遭受失敗後，B型大多選擇逃避，需要長時間尋找勇氣來面對。

B型人屬於完美主義者，對人或事的態度比較謹慎，但是有時候還是比較粗心大意。有些B型人會帶有A型人多慮愛猜疑的特點，因此B型人創業的話，缺乏一股O型人所具備的「衝動」，屬於謹慎型的創業家。

在公司裡，如果B型人比較多，那麼這個工作團隊很有活力，經常有出人意料的好點子出現。但是，這種團隊也最缺乏向心力，因為每個B型人都比較自我，覺得自己的結論才是正確，所以對立的意見特別多。B型人有強烈的自我主張，容易跟上司、同事起爭執。

有一家資訊公司做過一項調查，發現不同血

型的人在人際關係的需求上有很大的差異性。例如，在判斷「工作為什麼不好」或「為什麼跳槽」時，人際關係太複雜是一項重要因素，但不同血型人的對此的選擇卻大不相同，A型為35.64%，B型為24.75%，AB型為30.91%，O型為18.18%，由高到低的排列次序為：A型、AB型、B型和O型。可見，在四種血型中，B型人不太關心人際關係，人際關係對B型人的影響不大，僅次於O型人。

　　在現實社會生活中，B型人從事的職業和扮演的角色非常豐富：從朝九晚五的上班族到自由職業者；從官員、外交官、商人、軍人、警察、演員，到作家、科學家、技術人員；從正面人物到行為怪異者；從傑出優秀的大人物到一事無成的人……無所不存在著B型人的身影。

　　B型人的自由自在、隨意、創意在任何行業都非常突出，他們的可塑性也是最鮮明的。

為了能在面試時脫穎而出，所以B型人要記住一些面試小訣竅。

　　有時候，B型人自由奔放的氣質在面試中很能得到對方的認可，但有時候卻會使面試官反感。所以，對B型人來說，在面試時最好能乖一點，表現出自己踏實、有毅力的一面，這樣優劣互補，往往能獲得較好的效果。尤其當面試官是A型或B型時，B型人就應該更應該充分注意。

你所不知道的O型人

由於O型屬於人類最基礎的血液類型，這不僅讓O型人具有其他血型所具備的基本特質，也讓O型人占有一定的優勢。

首先，O型人對良好的生活品質具有較高的要求，能夠靈活地調整生活節奏，讓自己在繁忙中仍然能夠顯得十分自如。

其次，O型人對待情感問題總是十分敏感，他們受不了感情中的瑕疵，所以有時在情人面前會避免「小題大做」的爭吵。但是，瞭解O型人都知道，O型人是典型的「刀子口豆腐心」，時間一長，表面的強硬難掩內心的脆弱。

最後，O型人追求像《慾望城市》裡一樣的奢華生活，嚮往主角擁有的華麗服飾和迷人外型，

並且渴望出入於時尚高級場所。若要說O型人是物質主義，不如說O型人能夠傾聽自己心底的聲音，知道自己到底想要什麼。

O型人的典型特徵

1. O型人凡事都先考慮結果，才採取行動。在做事情之前喜歡擬定周密計畫，並能夠按照計畫一步一步地進行。

2. O型人雖然對未來充滿夢想，但是卻不會做不切實際的白日夢。他們往往能夠看清自己的實力，做力所能及的工作，每一步都在為未來打地基，等待蛻變的瞬間。

3. O型人在挑選合作夥伴的時候往往理性的抉擇超越感性的選擇。O型人看人很準，因為他們往往看重人的綜合能力與素質，並對其本領和硬體

實力做出綜合性評價，所以O型人的眼光非常獨到且準確。這一顯性素質也為他們在人際關係的選擇方面占有一定的優勢。

4. 只要決定的事情就一定會盡全力做好，這絕對不是完美主義的化身，而是一種對目標的執著與毅力。

5. 做事目的性較強，不打毫無準備的仗，更不會只是動口而不付諸行動。O型人的血液特質中充滿了將軍的風範，他們具有較強的實踐能力，拒絕純粹的理論研究或談論。

6. 懂得時間就是金錢的道理，所以辦事效率較高，受不了拖拖拉拉的合作夥伴。

7. 對市場的資訊非常有把握，並且與人來往比較直接，所以談論針對性問題時不會繞圈子，而會選擇直切主題。

8. 重視物質追求的O型人是天生的實踐家，

不屑那些紙上談兵的人。

9. O型人非常能理解「天下沒有白吃的午餐」，所以他們善於挑戰、樂於創新。

10. O型人對待工作具有堅定的毅力，他們能從容面對挫折與坎坷，在哪裡跌倒，就在哪裡爬起來。若是面對實在跨不過的鴻溝，也不會太執著。

11. O型人非常樂於交朋友，他們重視溝通，也明白信任才是朋友之間保持默契與情感的關鍵。

12. 觀點鮮明，立足點明確。

O型人在職場中的特質

1. 簡單快樂、隨和，缺乏認真。

2. 看上去很樂觀，但也總是「留一手」。

3. 心地善良，對人坦誠，戒備心不強。

4. 充滿幻想、不夠實際。

5. 對於投入了感情的肌膚之親十分在意。

6. 聚會中總是充當帶動氣氛的角色，視此為己任。

7. 這類人當中的一大部分記憶能力超群。

8. 身體的疼痛感往往源自於精神上的壓力。

9. 對他人很信任，一旦遭人背叛，挫敗感也是四個血型中最強烈的。

10. 平常一副好脾氣，發起火來卻很恐怖。

你所不知道的AB型人

　　AB型在社會上人數並不占優勢，他們可以説是四個血型中數量最少的族群，但是他們的智慧卻讓其他血型難以企及。因為AB型人綜合了A型和B型的性格特點，在他們身上可以找到A型的穩重和孤獨感，也能找到B型的活潑與行動派作風。總而言之，AB型人相容了A型和B型的性格特徵，但是卻很容易二者分開來。

　　對於AB型的性格，可以用辯證的眼光來看待，在他們的身上顯性性格只占一部分，隱性性格可以説主導了他們大部分的個性。他們的性格弱點和優勢也不能因此一概而論，要在現實中根據他們的生活環境詳細分析。

AB型人的典型特徵

1. 直覺非常準，常常第一時間把握事物要點，反應能力極強。

2. 非常冷靜，對自己認定的事情非常執著，很少在乎別人的看法，尤其是負面評價。

3. 思考方式與眾不同，讓旁人無所適從，但能夠充分利用人際關係，也容易被接受。

4. 更容易適應新環境，並樂在其中，同時也更善於抓住時機，特別是對自己有利的方面。

5. 能夠非常客觀的看待事物，將自己跳脫為客觀第三人。

6. 能夠抓住事物的本質，辯證地看待事物的發展，不侷限自己的思想。

7. 有獨特的領導才能，但是過於獨特，並不能被全盤接受。當然，組織才能也不錯。

8. 非常重視情感這方面，但是為人外冷內熱，並不常將自己的情緒表達出來。

9. 由於遺傳的因素，智商通常很高，而且富有智慧，很少平庸。

10. 喜歡彰顯自己的個性，喜歡與眾不同，對於生活的各個細節，非常講究，絕不含糊。

11. 才能出眾，對很多事物都有研究，加上眼光獨到，總有過人之處。

12. 有時很分裂，總是在各種看似矛盾的性格中遊走。

13. 對於愛情，很少模糊地帶，看似花心冷漠，其實非常專一。

AB型人在職場中的特質

1. 易自大，有時會妄想和暴躁，性格有時變

的分裂。

2. 善於社交，只要AB型人願意，都能夠和你成為朋友。

3. 對自己的期望非常高，要求自己必須要做到非常成功的地步。

4. 非常能夠適應現實的變化。

5. 對自己的幻想很執著，最怕幻想的破滅。

6. 精於算計，很少有乞丐。

7. 易和人保持著適當的距離，十分的冷靜。

8. 容易放棄，雖然對自己抱有高期望，但是並不願意競爭。

9. 給人的感覺很神祕，不容易被看透。

10. 萬事通，涉獵非常廣，但是並不深究。

11. 願意隱藏自己的想法，別人猜不透他們是否真的喜好一件事物，而且還是一個撒謊高手。

12. 平時很少放縱自己，對自己的要求非常

高，也非常嚴格。

13. 有時候會過度的謙虛和看輕自己。

14. 不會搶別人的風采，非常重視公平。

15. 會崇拜能夠給社會帶來成就和希望的人，暗自希望能成為類似的人

16. 非常重視精神上的追求，有時顯得非常的與眾不同。

凡事追求高效率的AB型人

有些AB型人是名副其實的天才，他們能經常保持清醒的頭腦，知道什麼時間該做什麼。由於他們具有抽絲剝繭的分析問題的能力，個性冷靜，情緒沉穩，所以他們做事總是有條不紊，效率極高。

在職場中，很多人都有這種感覺：每天忙忙碌碌，卻總是徒勞無功；感覺自己付出了很多，卻

總是不能讓老闆滿意；沒有一刻空閒，月底總結時卻說不出自己的成績。

如果你正處於這樣的狀態，這時候你就需要提高警覺了，也許你不是工作不努力，而是需要掌握正確的方法提高工作效率。因為，現在不是講求「慢工出細活」的時代，效率總是與工作業績、獎金，甚至關係到升遷，因此需要向AB型人學習如何提高工作效率。

AB型人提高工作效率的方法

1. 制訂適宜的工作計畫

在工作中，每個人必須知道做出合理計畫的重要性。為工作制定適宜的目標，做起事來才能有條理，你的時間就會變得很充足，不會擾亂自己的神志，辦事效率也會提高。所以，你應當規劃你的

工作，在這方面花點時間是值得的。如果沒有計劃，你就不會成為一個工作有效率的人，工作效率的核心問題是——你的工作計劃得如何，而不是你工作如何努力。

2.將工作分類

將工作分類的原則主要有輕重緩急原則、相關性原則和工作屬性相同原則。

輕重緩急原則包括時間與工作兩者之間的內容。很多時候員工會忽略時間的要求，而只看重工作的重要性，這樣只是片面理解。

相關性原則主要指不要將某一件工作獨立地看待。因為工作本身是連續性質，目前的工作可能是過去某項工作的延續，或者是未來某項工作的基礎。所以，開始工作之前，先向後看一看，再往前想一想，以避免前後矛盾造成做白工。

工作屬性相同原則指將工作地點相同的工作

儘量歸併到一塊完成，這樣可以減少因為工作地點變化造成的時間浪費。

這一點對於在現場工作的員工尤其重要，若處理得好，可避免在部門之間頻繁接觸，既節省了時間，又少走了路程，還提高了工作效率，何樂而不為呢？

3. 營造高效率的辦公環境

每次辦事的時候總是馬馬虎虎，好像需要的每一樣東西都故意和自己作對，需要它們的時候總是找不到，其實這些都是辦事雜亂無章，辦公環境混亂造成的。

要營造出高效率的辦公環境，最有效的方法是將不常用的東西移出你的視線，你會發現辦公室裡很少使用的東西數量驚人。過期的資料夾、廢棄的信箋、從來不使用的檯燈等等，在伸手可及的範圍內只保留那些最常用的東西。

4. 立即行動不拖延

在工作中，有些員工總是喜歡把工作往後拖，把今天的事拖到明天再做，很多工作因為做得不夠及時而被耽誤，效率也就難以得到保障。

拖延是所有工作習慣中最為有害的，職場中有許多人都是被這種習慣所拖累，造成挫敗的結局，所以，你應該竭力改掉拖延的習慣。

要改掉拖延的不良習慣，唯一的方法就是在有工作要做時，立刻動手去做。「要做，就立刻去做」——這是保持高效率工作的格言。

上班失去熱情了嗎？

Are You Tired?

Secret Of Stars And Blood Types.

白羊座職場特質

A型白羊：行動先鋒

A型的穩重與白羊招搖的個性組合在一起，雖然在性格上容易導致矛盾與衝突，但也造就了A型白羊的才華橫溢。

雖然A型白羊天生具有強烈的目標意識，總是充滿活力與幹勁，對於認定的工作目標會不顧一切地立刻行動，但是如果遇到了一些始料未及的挫折，往往會顯得焦躁不安、失去冷靜，甚至會自暴自棄，這將嚴重威脅職場的命運。

A型白羊應盡力克服這一性格缺陷，遇事要沉著冷靜，讓自己深呼吸一下。這樣的話，加上優

異的才能、勇於挑戰的幹勁，職場就是為A型白羊的精采而設置的舞臺了。

工作中，追求穩定妥當，戒除焦躁，凡事冷靜分析，切忌性格的衝動。

B型白羊：在挑戰中擴展維度

B型的活力加上白羊的無限創意，簡直就是天生才子。因此，B型白羊應該選擇一個充滿活力、有壓力、有很大發展空間的工作環境，這樣才能讓自己的才華激發出來。

如果B型白羊覺得現在的工作讓自己有氣無力，有才華而沒地方發揮，那麼請衡量是否該換一個職業了，以免埋沒自己的才華，耽誤一生。

工作上，B型白羊有唐突地採取行動、耐心不夠的缺點，所以建議B型白羊在事前先擬訂工作

方案，在工作進行的過程中給自己多一些信心與支持，相信凡事沒那麼糟糕，相信自己不比任何人差，甚至比大多數人還好，勇敢地面對工作中的一切暫時性的困難。

其實B型白羊的潛能是無限的，只要克服一些心理弱點，就可以把自己的潛能優勢很好地發揮出來。

選準適合自己的職業，就是搭上人生的順風車；謙遜、低調，你才能在職場上遊刃有餘。

O型白羊：交際的領頭羊

O型白羊社會交往能力強，頗具交際手腕。白羊有極強的進取心，在新環境中也很快就能適應，所以O型白羊對有挑戰性和有彈性的工作比較感興趣。因為，他們認為工作是自我能力的一種體

現，是對人生經歷的一項重大考驗。在職場中，管理嚴格的公司並不適合他們。

假若O型白羊有機會找到一個大的發展平臺，找到那些可以充分發揮智慧以及才能的工作，就應該盡可能選擇這樣的工作，比如業務部門和開發部門等，對於財務或總務這樣的工作，O型白羊最好還是不要考慮了。

整體來說，O型白羊富有開拓者的精神和強烈的自主性，因此自己獨立經營生意，並掌握一技之長才是他們最好的選擇。

其次，若達到學有專長，能夠做到一個自由學者的高度，當然專家更好。一旦所有的天時地利人和都全備，O型白羊一定能在工作中有所成就。

工作變動在35歲以前，膽識要過人，在轉行之前，要經過再三的考慮再行動。但是不要顧慮太多，有了努力的目標朝著目標不斷前進，才有可能

獲得更大的成功。

AB型白羊：果敢的領導者

AB型白羊十分聰明，反應敏捷，處理工作高效有序。AB型白羊能積極應對激烈的競爭和工作壓力，可以充分發揮白羊座的個性優勢。

AB型白羊最好能夠自己創業，或在大企業中尋找能夠發展的舞臺。若是屈居他人，想發揮自己的才華可能會很困難。

AB型白羊生性活潑開朗，所以很適合與人打交道的職業，例如公關、顧問、政治家、出版人員、廣告文案者、演藝人員、美容師等。

值得注意的是，AB型白羊具有很強大的第六感，如果充分發揮第六感的作用，會給自己的職業生涯帶來許多機遇。

你累了嗎？

好好把握自己的機遇，不然空有才華卻得不到舞臺發揮。

金牛座職場特質

A型金牛：在職場耕耘的牛

A型的內向加之金牛的憨實，促使A型金牛在工作中勤勤懇懇、務實求真，可以認真地完成每一項工作任務。但是，生在職場，除了盡心工作外，還應盡力經營好自己的人際關係。要想贏在職場，請務必擴大自己的交友圈，對於集體的活動熱心參與，積極的心態將會是打通人脈的法寶。

A型金牛，雖然保有穩健、踏實的做事風格，有時候卻表現得太過死板，甚至偶爾會擔心結局的糟糕，導致自己畏縮不敢向前。因此A型金牛應該果斷捨棄膽怯，勇敢向前，這樣才會得到自己

想要的成功。

　　缺乏變通，不懂隨機應變也是阻礙A型金牛前進的絆腳石，要想在職場贏得成功，就讓自己不要總像牛一樣悶著了，學學猴子的機靈。

　　正確認識自己的心性，打敗個性中的弱點，迎合職場，必能成功。

B型金牛，典型的後起之秀

　　B型金牛由於個性上不喜與人爭，愛好自由自在的生活，因此，個性沉穩、內斂的他們在經濟、金融方面發展將大有可為，從事與不動產相關的職業也會有相當不錯的成績。

　　另外，因為B型金牛對美具有一定的敏銳度，所以他們適合從事藝術方面的工作。如果B型金牛本來就具有不凡的才華，再加上穩重的性格，

從事珠寶鑒定及經營美術品等，通常都能爭取到廣大的顧客。在美術方面，B型金牛可朝雕刻、工藝方面發展。在音樂方面，B型金牛學習聲樂可能比玩樂器更容易出人頭地。此外，從事烹飪，也有可能使B型金牛成為一流的美食專家。如果能定下心來專心朝藝術事業而努力，將會有一番佳績。

　　由於性格上的原因，B型金牛不適合從事需要辯才和協調能力的外交工作，而那些要求一流口才說服別人的推銷員當然也不適合他們。

　　整體來說，適合B型金牛的職業有具有專才的畫商、寶石鑒定師、畫刊編輯、醫師、藥劑師、教師、建築師、衛生技師等。可以嘗試的職業有廚師、雕刻、工藝服務業、律師等。而不合適你的工作是外交官、推銷員、大眾傳播等。總之，由於B型金牛懂得堅持不懈，在實力堆積到一定程度的時候定能夠爆發，成為典型的後起之秀。

工作可以平凡，但態度不能平庸。

0型金牛：
付出等於職場成功可能性

　　0型的實踐特性與金牛的勤懇組合在一起，使得0型金牛成為踏實穩重的行動者。0型金牛是職場中的老好人，同事們遇到什麼技術上的難題、情緒上的波動、心態的不平衡等會找他們傾訴。但0型金牛固執己見的個性得罪不少人，因此要學會圓融變通，處世靈活，不然只能看著本該屬於自己的機會從眼前溜走，甚至被自己信任的人奪走。

　　0型金牛要試著從別人的角度考慮，接納不同的意見。0型金牛做事謙虛謹慎，但有時過度的謙虛顯得他們很自卑。正確地評價自己對0型金牛來說很重要。

O型金牛最適合在金融機構和財務部門工作，他們的事業傾向是大器晚成。如果遇到合適的工作，他們通常能夠發揮自己的才能，而且多半會取得成功。對於他們的成功，最重要的就是他們一直在努力地付出自己的心血。

　　不要看輕自己的能力，妄自菲薄，瞭解自己的才能所在，就是成功的開始。發揮金牛堅毅的個性，對於認定的工作要堅定不移地幹下去，唯有埋頭苦幹才是成功的關鍵。

AB型金牛：
不愛説「No」的職場人

　　AB型金牛屬於勤勤懇懇、踏踏實實的員工，因為自己靦腆的個性，常常將工作的不滿壓抑起來，使不滿的情緒得不到宣洩。可一旦爆發出來，

就一發不可收拾，老好人的形象也隨之毀於一旦。

　　AB型金牛要學會做事，更要學會宣洩自己的情緒。和與自己志同道合的同事交流，在工作上學會說「不」，學會提出自己合理的要求，關鍵時刻學會隱身，讓同事和領導發現自己的閃光點。如此，在職場中就會有不一樣的成就感。

　　持之以恆，超越巔峰。選定目標，堅定不移，累積實力，不要總是想要成為全才，成為專才更能夠讓你的職業生涯更加輝煌。

雙子座職場特質

A型雙子：
創意表現你的職業潛力

A型雙子在事業上的成敗關鍵在於對職業的選擇。A型雙子往往由於性格上的隨意與毅力的缺乏，以及創造力的豐富，於是他們不適合從事需要耐性的單調工作，以及沒有靈活性的工作。

如果不能夠好好發揮A型雙子的優勢，即沒能夠好好利用自己敏捷的應變能力的話，恐怕在事業上很難有太大的成就。

但是，A型雙子身懷其他星座所不具備的能力，即對情報的搜集及運用的能力。因為雙子座的

守護神被稱為「傳播之星」，它賦予雙子座卓越的
有關通訊及傳達的能力。在資訊化飛速發展的當
代，A型雙子恰好能在現代資訊世界中大展身手，
他們可謂是天生的「媒體寵兒」。在新聞、電視、
雜誌等有關輿論的工作，以及律師、外交官等工作
領域，A型雙子的加盟都會讓自己的才能得到淋漓
盡致的發揮。

　　凡是適合自己的就是最好的，選擇適合自己
的職業，才會發揮自己最大的潛能。

B型雙子：
雙職業，讓你和成功面對面

　　擇業如同擇偶，選擇正確的職業對B型雙子
的事業，甚至前途和命運，有著舉足輕重的作用。
所以，在擇業時，你一定要做好長遠的規劃。

對B型雙子來說，選擇了一個適合自己職業，會越幹越有勁，將來的事業發展前景也會越來越好；而選擇了一個不適合自己的職業，就有可能一事無成，或者事倍功半。按照B型雙子的性格，平凡的工作根本無法令他們滿足，甚至可能埋沒他們難得的才華。但他們有時候會因為過於追求新鮮的事物，而把一些本來很不錯的工作丟掉。

另外，B型雙子如果能在本業之外，再從事一些副業，則不僅副業能做得不錯甚至連本業也能跟著發達起來。如果B型雙子擁有多種工作，他們都能以靈巧的方式應付得宜。他們個性開朗，很容易與人打成一片，喜歡旅行，到各地去增廣見聞，樂於和別人分享知識，再加上他們語言表達很強，不論是外語或是溝通能力，都足以讓他們走遍世界各地，所以從事旅遊業如做旅行文學作家、導遊等應該是一個不錯的選擇。另外，B型雙子吸收能力

極強，新聞記者、廣播、公共關係、資訊媒體人及業務推銷，都比較適合。和語言有關的其他職業，也可以考慮，例如，廣告方案設計、編輯、律師、播音員、甚至翻譯工作都相當適合。不過千萬要記住，選擇更好的工作環境需要經過周密的規劃，隨意地地轉換職業則會妨礙你成功。

B型雙子不適合從事刻板，甚至需要一個面對孤獨的工作，比如研究工作、司機、手工藝、公務員、銀行員等等，這些保守而無趣的工作，絕對無法讓他們一展才華。而且，B型雙子的人也不會喜歡從事這類工作。

適合自己的工作很多，但不是工作選擇自己，而是自己要去選擇工作。

O型雙子：
與「朝九晚五」作對的職業人

O型雙子具有協調一切事務的能力，思維敏捷、反應迅速，他們不喜歡受約束，不太適合規律的朝九晚五的工作。O型雙子是天生的勞碌命，許多事情都事必躬親。有時因壓力過大，會帶來工作上的重大失誤。O型雙子必須以一顆放鬆的心態來面對工作，這才能讓自己充分發揮出能力與水準。

O型雙子擅長協調各方面關係，和同事在工作上的合作會很順利，只是他們為人較為刻薄，說話不太講究技巧，常常會得罪同事，可是活潑開朗的個性會對此有一定的彌補。

才藝雙全的O型雙子，具備廣泛的知識及敏捷的行動力，最適合富於變化的職業，對一切需要判斷能力與應對能力的工作都會處理得遊刃有餘，隨著經歷的不斷豐富，終有一日能取得事業上的成功。

不要常立志，應該立長志，O型雙子最好在

三十歲之前堅定自己的目標，一旦確立目標之後就不要輕易改變，即使遇到再大的困難也要逆風而上，這便是成功的要訣。

AB型雙子：
定性，讓職場的成敗一線之隔

AB型雙子思維敏捷，腦子裡總會有很多新奇的想法冒出來。由於神經而又好動的個性，AB型雙子很難沉下心認真來做一件事。往往還沒等新主意付出實踐，就已經將注意力轉移到另外一個注意上了。這導致AB型雙子很難事業有成。

如果能夠冷靜下來，權衡利弊，克服心神難寧的缺點，做事情有始有終，真正專注地發揮自己的想像力與創造力，AB型雙子定能在職場中取得相應的成績。

AB型雙子適合不受拘束的工作，能夠最大限度地滿足自由的工作環境，更能激發自己的潛能。只是由於他們的定性不夠，總是很難穩定的長期工作。雖然AB型雙子的能力很強，但若不能夠堅持，那麼以前所有的付出都將為零。成功離不開堅持。

真正專注地去做事，成功的機會更大。

巨蟹座職場特質

A型巨蟹：
堅忍是職場的生存之道

A型巨蟹的職場命運與自己的性格特徵息息相關。螃蟹習慣隨遇而安的愜意，A型巨蟹就如這只螃蟹一樣，喜歡待在一個舒適、安全的環境裡。所以，最適合A型巨蟹的工作是有關建築或室內設計的工作。A型巨蟹最大的性格特色就是擁有母性，看重家庭，懂得付出。A型巨蟹也非常適合從事與感情關懷有關的工作，比如：護士、保姆、小兒科醫生等。當然，對講究飲食的A型巨蟹來說，從事一些廚師、烹飪師等的工作也很不錯。

職場上，A型巨蟹座給人以善於與領導溝通，樂於與團體合作的印象，再加上端正的工作態度讓他們很容易得到公司同事的認可。他們有時候容易把工作的事情與私人情緒混合在一起，這會嚴重影響工作的進展。A型巨蟹天生具有很強的忍耐力，做事貫徹始終。堅忍，增加了A型巨蟹成就職場的潛質。

切忌做事感情用事、拖泥帶水以及太過主觀，這樣才能讓堅忍發揮它的優勢。

B型巨蟹：不適合當老闆

據對B型巨蟹能力的分析，與其挖空心思成為某個事業的開拓者，不如走在他人已開發好的道路上踏踏實實的謀生存。B型巨蟹比較擅長扮演輔佐的角色，具有卓越的實務經驗，不適合自己創業

當老闆，從事大眾化的職業是成功的關鍵。

B型巨蟹男性觀念相當保守，想要改變自己原有的生活方式，有些不太可能。他們對職業、社會和國家永遠忠心耿耿、矢志不渝，是企業裡難得的榜樣員工，他們的事業運勢不錯。

B型巨蟹女性的事業運勢就沒那麼好，往往是家庭運勢站在事業運勢的前面。如果B型巨蟹非得把工作排在第一位，反而會破壞後者的運勢。所以，順其自然，不要刻意尋求事業的運勢，家庭如果幸福美滿的話，也算是對失意事業的一種彌補。

失之東隅，收之桑榆，這是對B型巨蟹座女性事業運勢的最好概括。

O型巨蟹：潛伏的得力助手

O型巨蟹具有很強的適應能力和學習能力，

在任何工作崗位都能得到同事的認同和領導的讚賞，很有被提為領導的左膀右臂的潛質。O型巨蟹天生性格溫和並且樂於助人，能贏得大家的信賴。但因為他們有極強的好奇心，說話不講究方式，所以在隱私方面可能會傷害到別人。

O型巨蟹擅長人際交往，但會因為在人際上的紕漏給自己帶來很大的麻煩。他們有時看人的能力不夠強，喜歡憑藉第一印象來判斷人，如果能克服這方面的缺點，O型巨蟹將在職場中洞察出人際交往的規律，使自己在職場中更加得心應手。

性格是把雙刃劍，學會平衡。

AB型巨蟹：
太辛苦，反而讓職位重新洗牌

AB型巨蟹工作十分努力，再多的工作也要求

盡善盡美地完成，這容易使自己陷入過度勞累的怪圈。工作時的精神不振、心神不寧、脾氣暴躁，和合作的同事與客戶產生的爭執，導致工作無法按照較高的要求完成，進而加班加點，使自己身心更加疲憊。

AB型巨蟹在身心俱疲的時候，不妨休個小假，在家徹底地輕鬆一下，享受家庭生活給自己帶來的愉快心情。這樣，在工作上會事半功倍，也會贏得同事和領導的喜歡。

AB型巨蟹是一個現實主義者，他們總是一切以現實為主，絕對不會不切實際，也不會做虛幻而脫離實際的美夢。他們在求職路上總是遭遇到挫折，因為他們擇業考量的重點是家庭，愛家的他們通常不大願意從事離家太遠，或是長期在外的工作。但耐心與細心兼備的AB型巨蟹，可以選擇從事服務業或是經營自家小店，這些能夠使他們更快實

現自己的職業規劃。

　　當求職事業遇到挫折時，一定不要灰心，要相信自己的能力，無論做什麼都一定會闖出自己的天地來。

獅子座職場特質

A型獅子：謙遜的指令才中肯

A型獅子喜歡組織並領導別人，希望看到手下有一大批人在聽自己指揮。但是，生性固執的A型獅子，不太樂意與別人進行溝通協調，這會嚴重影響自己的決策力。

A型獅子擁有自信的傲骨，喜歡用表演來將它淋漓盡致地表現出來，A型獅子倘若從事演員、歌手、模特兒等工作的話，會有所建樹。此外，A型獅子天生愛好熱鬧華麗、對美有獨到的欣賞與挑剔，如果從事珠寶、皮革等高級品事業也有不錯的運氣。A型獅子敏銳冷靜的頭腦和充沛的精力、體

力，深有成為一名成功的企業家、政治家或商人的潛質。

所謂金無足赤，人無完人，A型獅子太過獨斷專行，不願意接受別人的指導與建議，勢必影響自己的事業。所以，要想事業名譽雙豐收的話，就要在自己的性格中多發揮一下A型的氣質。

不要太過孤高自傲，嘗試著虛心接受別人的指導與建議。

B型獅子：
創業是就業的「先聲」版

B型獅子的職業運不錯，雖然他們工作經常變換，但是成功的希望還是非常大。B型獅子討厭被他人牽著鼻子走，，喜歡堅持自己的主張。他們把工作看得比生活、婚姻重要。越是困難，越能激

發他們奮鬥的欲望。B型獅子很好強，絕不在他人面前表現出懦弱。

依據B型獅子的個性，他們不可能心甘情願地當一輩子領薪階級的小職員。他們獨立而卓越的能力，大膽冒險的性情，加上極強的策劃組織能力，使B型獅子很有條件經營一家屬於自己的公司，創業將比就業更能給他們帶來好的提升。除了創業外，那些能充分發揮才能、氛圍相當自由的工作也很適合他們。此外，B型獅子應該避免從事單調、重複、乏味的工作，因為那可能會磨滅自己的朝氣，使自己意志消沉，根本無法激發自己的職業潛能。

職場命運在於開拓，在這方面果敢一些吧！

O型獅子：職場出位的幸運兒

O型獅子天生具有貴族氣質和縱橫天下的霸氣，無論在什麼場合，他們都散發出耀眼的光芒，職場更是他們表現自己的絕佳舞臺。他們會不自覺地顯現出領導氣質，並且讓大家服從自己的指揮。

O型獅子擁有很強烈的責任心，屬於加班狂的類型，只有在努力地工作才能讓他們有歸屬感。O型獅子擁有很強的組織能力和耐力，是天生的管理者。他們對待同事像家人一樣，對待上司像兄弟一樣。但他們有的時候過於獨斷專行，會忽略他人的意見，這常常讓O型獅子成為眾矢之的。要記住多聽取他人的意見，也是一種領導藝術。

當O型獅子還沒走上領導崗位時，因為他們不服輸的個性，常常和領導起衝突，變成同事不喜歡、領導不待見的人。雖然他們很有實力，但心性不安定，容易受誘惑。最好不要從事副業，這樣會分散自己的注意力，應將注意力投入一份固定的職

業，才能在職場更加一帆風順。

多聽取他人意見，在領導崗位上會坐得更穩。

AB型獅子：
人脈是職場成功的催化劑

AB型獅子嚴於律己亦嚴於律人，聰明又有創造性。喜歡和志同道合的夥伴一起工作，容易贏得大家的信任，成為團隊中的領導者，這是一個能成就大事業的幹才。

AB型獅子的主要特點是思想開放，會盡全力竭盡所能地戰勝困難，去開創嶄新的局面。對工作分外賣命，只為證明自己是最好的，擁有組織能力，在職場常成為一個很好的管理者。危急時會展現出過人的勇氣，面對同事講義氣，處處透露著王者風範。AB型獅子通常有遠大的志向、堅韌不拔的

毅力，謀略過人，為人坦坦蕩蕩，寬宏大量，富有激情。過分地相信自己的力量和優勢，有以自我為中心的傾向。

AB型獅子易受奉承者煽動從而成為他人所利用的工具。通常情況下AB型獅子都能轟轟烈烈地在眾人的推崇和支持下完成自己的事業。

AB型獅子能在職場中獲得很高的地位，這常常讓他們處世高調，經常贏得領導的誇獎，但也會招致小人的暗算。建議對身邊的朋友、同事謙虛低調，避開小人，多交上真正的朋友，人脈的打通會極大促進自己事業的成功。

眼裡只有自己的人，別人眼裡也沒有他。

處女座職場特質

A型處女：膽量，充實職場存摺

A型處女工作勤奮、比較務實，不僅心思慎重，還有樂於助人的天性，天生具有服務精神。他們有一股來自精神的力量支撐其行動力，所以在職場上總是忙得不亦樂乎。大多數人在同一工作崗位上待久了，都會覺得無聊乏味，想要換個職業，但是A型處女往往會安之若素，樂在其中。

A型處女天生便具有卓越的辦事能力，做事一絲不苟，具有堅定踏實地作風，很適合秘書、會計等工作。他們在團隊裡屬於默默耕耘的類型，雖不耀眼，卻是不可缺少的角色。他們外表沉默，具

有銳利的批判眼光，工作絕不草率行事，做事有始有終，因此能得到上司的認可和同事的肯定。但有時過於謹慎的個性，使得行動看起來不積極，在職場中可能會阻礙成功。

做事情講究分寸，謹慎固然好，但過於謹慎會阻礙成功。

B型處女：
理性，職場潛能的礦脈

B型處女具有處女座在實務方面具有卓越的能力，能夠理性地看待工作中的問題。在計算方面的能力相當不錯。但由於受B型粗獷、奔放的氣質影響，使他們儘管在實務、計算方面表現良好，卻無法真正喜歡這些工作。

B型處女可以從容地兼顧工作與家庭生活，

他們的家會被打理得井井有條，而工作上的事情也不會怠慢，堪稱魚與熊掌兼得型。

當然，如果想讓自己的事業更上一層樓，那麼建議B型處女在工作中充分發揮已掌握的知識與技能。B型處女要理性的認清自己性格中的優缺點，並合理地利用到工作當中，好的要發揚光大，不好的要儘量規避。同時，要讓自己的胸襟更開闊一些，不要為小事牽腸掛肚，要培養挑戰的精神，以開放、舒暢的心情邁向更遠大的目標。

理性，讓自己更具有幹練的魅力。

O型處女：
平凡的崗位中締造不平凡

O型處女做事認真，毫不含糊，讓人信賴。在工作上臻於完美，讓欣賞他們的人更加認同。但

O型處女對自身的完美要求，會無意識地滲透到其他人身上，讓人感覺他們過於冷血、過於苛刻。

如果O型處女的個性以積極、熱情的方式表現出來，無論多平凡的工作崗位，他們都能既把自己的分內工作做好，又幫助合作夥伴共同做好工作以達到要求。若在人際交往上更加圓融一些，O型處女會成眾人敬仰的物件。

O型處女的判斷與分析能力強於常人，適合做分析研究類的工作，這讓他們更能發揮自己的特長。若糾結於自己不喜歡的工作，會成為壓力的主要來源。

在人際交往上更加圓融一些，你會成眾人敬仰的物件。

AB型處女：
獨立作業是成事的先決

AB型處女擁有處女座的典型個性，苛求完美。在職場中自己做事十分認真，對待合作的同事或者下屬都要求極高。除個別脾氣相投的同事會願意與你合作，大多數同事會對你敬而遠之。做事認真是一種優點，建議AB型處女用自身的嚴要求感染身邊的人，而不是自己對他們提出要求。

AB型處女的分析能力在十二星座中是數一數二的，有著其他星座難以比擬的敏銳和深刻。當他們遇到問題時，就會用自己的方式去分析和判斷，往往能夠得到讓人非常滿意的結果。所以，獨立作業是AB型處女成功的先決條件。

但是他們對整體缺乏概念，太注意細節的成敗，以至於無法顧全大局，使得智慧侷限於細節，但以AB型處女的敏銳思維能力和清晰的邏輯思維加之對細節非常在意，在研究型的工作上，一定會有非常好的表現。但是一定要遏制自己完美主義的發

作和對細節的過分關注，學會用大局的思維來看待事物。

　　亦步亦趨會讓人很難信賴，處理事情要有自己的主見。

天秤座職場特質

A型天秤：
積極主動，不做制式員工

由於A型天秤十分注重服飾及儀態的優雅，所以並不適合勞力型的工作，他們對工作環境的要求也相當高，必須置身於清靜優雅的環境。A型天秤天生具有藝術細胞和創造力，有令人激賞的音樂及藝術天才，假使能控制對享樂的沉溺，必可獲致此方面的成功。此外，任何需要專業技能和溝通能力的行業都能給A型天秤提供發揮天賦的舞臺。

A型天秤絕不輕言放棄，他們要想使自身的能力獲取他人的認同，關鍵是將積極能幹的形象展

示給他人，用自己的工作實績證明自己的才能。對於上司來說，大都喜歡工作有熱情，接受任務時不打折扣，積極主動地克服困難的人，而A型天秤正是這種典型。他們始終是保持一種高昂的工作熱情，留給上司的總是「積極而又能幹」的形象。儘管他們的工作能力相當不錯，但偶爾缺乏衝勁，以致會給人散漫、消極的感覺，在職場上這樣可能不會被委以重任。

在選擇職業時，一定要找一個興趣相投的工作，如此才會積極主動，保持對於工作的熱忱，提高辦事的效率。

B型天秤：
不能職業化處事，就會被邊緣化

大器晚成、穩定發展，這是B型天秤的職業

運。所以B型天秤要相信，只要能把握適當的時機，就可發揮才幹。

B型天秤頭腦靈敏、交易處理起來非常迅速，這方面幾乎是其他血型星座比不上的。如果在專業知識與技能上，B型天秤再加強一些，那麼工作起來就如虎添翼，必能讓自己的才能得到充分的發揮。尤其值得一提的是，B型天秤天生聰明，考試運非常好，考取各項技術資格認證也比一般人容易得多。

B型天秤容易在職場上陷入種種無聊的人事紛爭當中，這樣會浪費自己非常多的時間與精力。所以，要切記，不要把自己有限的精力花在與自己專長無關的事情上，如果不能「職業化」處事，就會被職場給「邊緣化」。做事專注而高效，這是保證你在職場上能得心應手的最佳方法。

在你三十歲之後，你的職業運開始走上坡，

可以一直持續到晚年。

　　對B型天秤來說，做得越少、越精，越容易取得好的結果。

O型天秤：
並非拚命三郎，卻能職場得意

　　O型天秤很會協調人際關係，絕不會輕易和別人發生爭執，即使發生不可避免的爭執也能很妥善的處理。他們的事業心不是特別強，選擇工作全憑自己的興趣，他們不會強迫自己做不喜歡的事。

　　O型天秤在職場中屬於中庸的人，對工作不是那麼拚命，但他們很有責任心也很能吃苦，對自己分內的工作能夠完成的很好。O型天秤在職場中屬於受大家歡迎的類型。他們能夠應對複雜的職場鬥爭，對職場潛規則有清醒的認識。若他們能深入

培養自己的決斷力，將能贏得更多的支持者。無論何種事業，O型天秤若能夠用靈活的頭腦應對挑戰的話，就離成功不遠了。

世上沒有白吃的午餐。凡事都要付出十分的努力，才會得到十分的回報。

AB型天秤：
團隊是成就職場最大的本錢

AB型天秤是社交達人，有很高超的社交手腕，能和各種各樣的人打好關係，人緣相當好。若能充分利用自己的好人緣，在官場、職場都能如魚得水。

需要注意的是，有時候AB型天秤會為了迎合對方，而委屈自己，甚至犧牲自己的利益。AB型天秤很在乎別人對自己的評價，不喜歡和其他人起衝

突。但當別人損毀了他們的利益的時候，他們又做不到無所謂，憂心忡忡，傷害身心。AB型天秤一定要學會放寬心。

AB型天秤喜歡輕鬆安逸又不失挑戰的生活，因此，重複性較強的工作尤其不適合他們。天生屬於交際達人，往往能在職場交流時給人留下好的印象，但是優柔寡斷、猶豫不決卻是職場最大的絆腳石，往往由於一時糾結，錯過大好時機。喜好平衡的他們善於做溝通者和組織者，既能發揮自己的優秀天賦，也能夠在職場中有著良好的晉升前途。

AB型天秤非常適合團隊合作，並在團隊中發揮自己的溝通聯繫作用。他們也可發動廣大的人脈資源，去做公關等相關工作，為很多企業牽線搭橋，幫著他們處理危機。AB型天秤也可以選擇做跟藝術美感相關的職業，強大的美感能夠給他們帶來不少的創意。

　　但要切忌在職場上露出自己散漫的一面，不要把抉擇難斷的毛病帶到職場，學著果斷些，這樣才能為自己帶來更多的機會。

　　AB型天秤比較適合的職業，是在集體中發揮你協調能力的工作。

天蠍座職場特質

A型天蠍：
蟄伏職場的狠角色

　　A型天蠍需要不斷地處於忙碌之中，喜歡親自動手去做，喜歡改善自己的工作和生活環境；喜歡更新自己的想法，他們的工作環境絕不容許任何外人入侵。職場上的A型蠍子企圖心旺盛、行事風格極端，但外表內斂沉穩、謹慎認真，其實明眼人能一下就看出他們是狠角色，野心很大，有強烈的權力欲。A型蠍子總是不計代價想要成功，用盡全力去爭取所要的東西，而且往往低調行事，擅長放冷箭，讓同事中招了還不知道是誰幹的。

　　對人性觀察十分敏銳的A型天蠍，能在短短的時間裡看出對方的整體性格特質。擁有這樣的天賦，在職場生涯中當然是自信滿滿，一路高升。但是一定要切記，山外有山，人外有人，有時也會遇上高手，可能自以為瞭解別人，但到頭來卻發現還是被自以為瞭若指掌的人擺了一道。

　　職場中可以自信滿滿，卻不能太自以為是。

B型天蠍：
若要工作有所長，應先有所專

　　在職場上，B型天蠍的需要經常把自己放在忙碌之中，喜歡親自動手去做感興趣的事，喜歡憑自己的力量去改善自己的工作和生活環境，喜歡不斷更新自己的想法，但不喜歡無所事事和碌碌無為的生活，因為那樣會使自己喪失生機和活力。

B型天蠍，體力充沛，適合從事朝九晚五的工作，能留在大公司裡工作，成功的概率會更大。在變化多端、競爭性強的職場中，B型天蠍最好學習一項專門技術，擁有一技之長。B型天蠍比較不適合跟人共同合作，所以最好能從事可獨立作業的職務。他們對事情往往有獨特的見解以及深刻的思考，調查能力頗強，所以從事研究工作，比那些競爭激烈、有很多潛規則的商業來得可靠。除此之外，不僅自己的精神，甚至自己的身體也有超人的耐力，所以，B型天蠍可以嘗試一下從事體能訓練。另外，還要學會推銷自己，這樣才能最大限度地抓住成功的機會。根據B型天蠍的個性，他們不適合創業。

　　整體來說，適合B型天蠍的工作是科學研究、技術開發、醫生、編輯、員警、偵探、檢察官或刑事幹部等。可以嘗試一下職業運動員、醫師、

藥品研究員、檢察官、算命等工作。另外，外交官、推銷員、大眾傳播、裁判、服裝設計等工作不適合你。

　　一技在手，前程無憂。

O型天蠍：
人際協調性是職場晉升的要訣

　　O型人和天蠍座的結合，綜合了敏感多情和頑固堅定的個性，這兩種相反的氣質使O型天蠍在別人眼中顯得神祕。但O型天蠍能在適當的時機展現自己令人喜歡的一面，還需要將兩者保持平衡，不至於過分矛盾。

　　O型天蠍具有極強的責任心，做任何事都一絲不苟。憑藉他們認真的態度，O型天蠍可以獲得某種程度的成績。他們內心潛藏著強大的野心與意

志力，促使他們制定詳盡的計畫，並堅定地朝著目標前進，破除成功道路上的任何障礙。

　　良好的人際關係是O型天蠍成功的關鍵。O型天蠍雖然有吃苦耐勞的精神，頑強打拚的勁頭，但他們容易忽視和別人的團結合作，有時對自己自視過高，忽略自己的眾多缺點。在這個處處需要協作的時代，個人的力量是微不足道的，若你能重視和他人的團結合作，時刻發揮集體觀念，才能更靠近成功一點。

　　O型天蠍對工作具有強烈的責任感，較適合從事敏銳性及洞察力強的職業，例如，醫生、作家、心理學家、企業界限研究開發。其次，也可以憑藉與生俱來的強健體魄，從事導遊、員警、船員、職業運動選手等職業。

　　改善自己有些封閉的個性，多和朋友聯繫，以擴大自己的交際圈，開闊自己的視野，必對事業

有所幫助。

AB型天蠍：
充電，讓出人頭地成為可能

　　AB型天蠍做事冷靜而高效，生性循規蹈矩，領導交代的任務都完成得十分出色。偶爾會打破規章制度，按照自己的方法做，但也都是在合理範圍之類，上司領導也會放任他們的偶爾「不規矩」，因為事實證明他們最終是對的。

　　AB型天蠍生性保守而謹慎，做事一步一個腳印，在社交方面不太擅長。找一份真正適合自己的職業是成功的起點。AB型天蠍不會在短期內和同事、領導打好關係，只有長期相處，大家才會瞭解他們的優點，才會慢慢信賴他們，建議AB型天蠍找准職業長期幹下去，必能取得很大的成功。

若要贏在職場，AB型天蠍需要一個沉穩的工作，由於性格原因，他們能耐得住寂寞，不僅不會因為工作內容的枯燥而輕易放棄，還會為提升自己而不斷地給自己充電。

適合AB型天蠍的職業有很多，比如律師、法官，因為他們甘於寂寞的心和敏銳的洞察力，和自己內心獨有的公平正義感，使自己能夠十分適應這種職業。

如果AB型天蠍想改變，便可以適應任何職業。這就需要他們改變自己的人生性格，若是想要生活過得開心，不妨選擇自己喜愛的職業，不必為了身外之物和他人的看法而委屈了自己的想法，畢竟行行出狀元。

建議AB型天蠍找准職業長期幹下去，必能取得很大的成功。

射手座職場特質

A型射手：
衝動，在職場中並非優點

　　A型射手在工作中需要很大的空間讓他們跑來跑去，他們喜歡自由無拘束的工作環境。幽默的他們常常為辦公室裡的人帶來許多歡笑，他們不喜歡嚴肅的氣氛，也不喜歡權威和官僚制度。在A型射手精神抖擻地向前衝時，千萬別忘記要謙虛。因為就算是公司的得力中堅力量，公事還是必須公辦。對待下屬和同事，如果壓不住，那就充分授權，讓他們各司其職。

　　A型射手喜愛衝動，對於他們認定的工作目

標，他們會毫不猶豫地實踐起來，而且往往會帶來比較出色的成果。所以對於A型射手來說，工作上的衝動不是魔鬼而是好運。同時，他們知識豐富，工作態度也相當細心認真，只要從事適合的職業，都可贏得別人的信賴。但是如果想要通過捷徑取得成功的話，則可能陷入麻煩當中，因為職場中的射手往往會忽略細節問題。

因此，對於他們來說最重要的是要根據興趣及能力選擇崗位，這樣假以時日必能在社會上出人頭地。

要記住，成功沒有捷徑，真正的成功來自自身的打拚。

B型射手：
以才取勝，不怕職場變天

　　B型射手，很少能從一而終地完成一件事，但由於他們頗有才能，成功的機會也不小。總體來看，B型射手的職場命運充滿變數。

　　在工作中，B型射手最大的缺點是沒有耐心，雖然他們的思考力及行動力都非常強，但是做起事情往往容易喪失耐性，無法堅持既定的目標。在做那些需要花費很多時間精力的事情時，他們總會比那些有毅力的同事落下一大截，跟不上別人的步調。

　　B型射手頗具人文精神與創造力，適合多元化的工作。在選擇職業時，最好選擇能發揮自己才能的工作，或者是自己感興趣的工作，這樣才能提高成功的機會。

　　B型射手多才多藝，經常處在換工作的狀態。這是因為他們不適合從事單調、刻板的工作，這些瑣碎繁雜、壓力又大的工作，都會妨礙他們才

能的發揮。所以，選擇適合自己的行業非常重要。

B型射手不妨考慮這些職業：自由作家、記者、旅行家、攝影師、電腦軟體發展等，他們可以在這些方面取得不錯的發展。而翻譯、藝術家、大眾傳播、詩人、宗教家等，也可以嘗試一下。但是，園藝精密技術、行政管理、總務、製造業這些並不適合，千萬別冒險嘗試。

在工作時，注意克服性格上一些不良因素，將大有可為。

O型射手：
延伸思維觸角，開闢職場創意

O型射手渾身充滿活力，思維、行動都相當敏捷，經常會提出很好的創意。在創意創造價值的當今，他們是難得的人才，很容易得到上司的賞

識。O型射手十分努力，很有幹勁，但一直往前衝的他們可能會忽視和同事間的協作，顯得不那麼合群。職場是一個十分需要團結協作的地方，要回過頭來配合他人的步調，這樣才不至於被踢出局。

O型射手愛好自由的個性，極其討厭束縛。對於嚴謹的規章制度，他們很難容忍，所以他們不適合待在大公司。O型射手喜歡沒有約束的做事方法，經常按照自己的意志辦事。並且他們具有新穎的創造力，不會每天重複做同樣的事，朝九晚五的上班生活對他們來說是深牢大獄。他們只會做自己喜歡的，加上堅持不懈的打拚，在短期內就能在某個領功能變數名稱利雙收。

O型射手在無法保障自己的經濟來源的情況下，也願意做自己不喜歡的事。但他們奮發向上的進取心和熱忱的工作態度，常常讓他們有豐富的經濟來源。O型射手適合自由的獨創性職業，比如作

家、律師、詩人、及教師等。另外，0型血多方面的社會性，加上你與生俱來的語言天分，你也很適合從事空中小姐、觀光導遊、語言教師、翻譯員等職業。

在工作上，如果長期從事同一項工作，0型射手容易產生倦怠心理，對工作半途而廢。培養自己對工作的耐心，會使自己更容易走上成功之路。

熱愛自己的工作，即使再枯燥、乏味的工作，都應堅持用創造性眼光發覺工作的趣味性。

AB型射手：
即知即行的職場實踐家

AB型射手富於激情，喜愛挑戰，對任何棘手的問題都能夠處理得十分妥當。這讓他們在領導和同事心中具有相當高的威望。如果工作過於清閒，

工作沒有任何技術性含量，他們絕不會感興趣。

AB型射手最大的缺點是對一份工作很難產生持久的興趣，到一定時間就會對工作產生倦怠心理，影響工作效率。他們經常跳槽，這對他們的職業生涯有利有弊。若是AB型射手能將豐富的工作經驗合理地綜合利用，自主創業，從事自己喜歡的工作，必能在事業上獲得一份成功。但若一直三心二意，見異思遷，也就很難在事業上取得長足的進步。這是AB型射手應該注意的。

AB型射手擁有多方面的興趣，他們喜歡根據興趣選擇職業，如果他們對現有的職業不感興趣，那麼就很難在工作上取得成績，他們還會以各種藉口去更換工作。在別人的經歷中，不斷地變換工作不容易取得成功，而你恰恰相反，頻繁地變化工作反而使他們能夠學到更多，也使他們增加更多的閱歷。

有衝勁的工作更容易引起AB型射手的興趣，引爆他們迅速行動的爆發力，讓他們堅定決心、勇往直前。他們不喜歡一成不變的工作狀態，每天都充滿挑戰的工作反而能激發他們工作的熱情和鬥志，讓他們能夠大膽發揮自己的才能。

　　一定要在選擇工作的時候想好自己的興趣所在，不符合自己興趣、性情的工作，只能讓自己在悶悶不樂中度過，這種折磨就會迫使自己尋找下一份工作。

摩羯座職場特質

A型摩羯：工作高於一切

不適合A型摩羯從事的職業有外交官、設計師或與大眾傳播有關的工作。這些職業需經常交際應酬，跟他們的個性不符，讓他們容易為虛華不實的環境所影響。他們如果能專心致力於工作，就會有卓越的表現，為了追求工作上的責任與成就，他們會把工作看得高於一切，這是他們獲得成功的關鍵。

許多其他星座和血型的人因為孤獨而難以應付落在身上的責任，而對於A型摩羯來說，他們喜歡獨自坐在辦公桌前，並且與最親密的同事也保持

一定的距離。有時候他們缺乏靈活性，為人死板，容易被同事或周圍的人敬而遠之。如果有任何事削弱他們的權威時，也會感到異常痛苦。儘管不是所有的A型摩羯都這樣獨斷，但不可否認其性格中存在這種成分。

職場上的A型摩羯任勞任怨、勤懇踏實的工作態度容易博得上司的好感，然而與同事之間的關係比較僵硬。

工作儘管很重要，但個人魅力也是不可忽視，職場上的人際關係也需要加強。哪怕做得再多，不說出來也是沒用的，一定要學會表達。

B型摩羯：
不努力，就會自己開除自己

B型摩羯，將「勤能補拙」、「天才是99分

的努力加1分的幸運」等話語作為自己的座右銘。所以，勤奮、努力是你職場上最明顯的特徵。在通往成功的道路上，B型摩羯的勤奮與努力是他們披荊斬棘的最好武器。他們的內心非常明白，在這個競爭如此激烈的時代，如果不努力，就會在時代開除自己之前，自己就已經將自己開除職場了。

B型摩羯的事業運非常旺盛，但需要牢記的是，B型摩羯的付出往往有一個週期，不是所有的努力一下子就能有回報。所以，B型摩羯不要經常更換目標，一旦做出努力就要堅持到底，否則所有努力都將白費。因此，選定方向之後，B型摩羯只需奮力前進，時間會帶給他們最公正的評價。

B型摩羯擁有別人所沒有的專業知識和技能。若能全心全意投入自己的專業領域，能比別人更容易取得成功。大多數情況下，B型摩羯以發揮專長為樂，對工作重視的程度遠遠勝於對婚姻的計

畫。

應該學會調劑人生與工作，這樣的生活才會變得更加豐富多彩。

O型摩羯：
放在職場水系中的一塊海綿

O型摩羯在職場上的天賦並不突出，可能和自己同一個起點的人已經小有成就，他們仍然沒有大的起色。但O型摩羯的持久性和耐力是強於其他血型星座的，只要持續不斷的努力，一定會達成自己的目標。O型摩羯比較專注在某一個行業中，不適合頻繁轉行。

O型摩羯很有才華，但有時候不懂得發揮。O型摩羯內心深處潛伏著強大的野心，外人難以察覺。他們摒棄婦人之仁，認為狡詐狠毒才能在事業

上取得巨大的成功。即使他們現在只是公司基層的小職員，但他們會想盡一切辦法，努力向上爬。為了成就自己的野心，他們甚至會犧牲眼前的利益，這種運籌帷幄的決斷力是別人所部具備的。當然，最重要的是他們在職場中的每一刻都像是一塊亟須營養水的海綿，所以他們會盡情地學習知識與技能，最大化地提升自己。

O型摩羯的自信來源於職場上的成績，但不要過分自信，時刻保持空杯心態，才能在職場上獲得更大的成就。

O型摩羯穩固踏實的個性，很適合安穩的職業。比如公務員、教師、會計師等。此外，如數學家、測量技術、電腦程式設計師，這一類需要縝密思維的職業也很適合他們。若是想利用天生的藝術才能，可以考慮做一個音樂家或者作曲家。

職場中積極奮鬥，定能笑傲職場。

AB型摩羯：
典型的職場黑馬

AB型摩羯擅長穩中求升，做事穩重，步步為營，很少冒險。因為長期以來累積的工作經驗，他們對工作十分自信，在自己擅長的領域能夠充分發揮自己的才能。他們很努力並且有耐心，終有一天能走上領導崗位。

AB型摩羯無論做什麼，起初都不是一帆風順地達到自己的理想，他們屬於「黑馬型」人才，總能在最後時刻，讓大家刮目相看。比如在上學期間，他們的成績只是中上等，但在最後的決定性考試中總能名列前茅。他們屬於馬拉松好手，而不是短跑健將。

AB型摩羯能夠客觀地評估自己各方面的能

力，即使遇到一些打擊和挫折，最後也能通過各種方式化解困難，證明自己不凡的能力。

　　AB型摩羯適合外交、金融方面的工作，這些工作需要頑強的精神、精深的知識，以及百折不撓的信念。加之他們做事有條不紊，行事謹慎，能夠避免重大失誤，從政從商都適宜。另外，科學家、土木工程師、醫師、不動產等，也都很適合AB型摩羯。只要記住，堅持信念，穩紮穩打，不隨便跳槽，定有平步青雲的一天。

　　堅守工作崗位，穩中求升，發揮堅毅的性格優點，必能有所成就。

水瓶座職場特質

A型水瓶：
工作不僅僅是賺錢的工具

　　A型水瓶兼具豐富才能與積極進取之心，只要從事適合的工作，便可望成為該行業的佼佼者。他們喜歡按照自己的方式去做自己該做的事情，而不希望受到外部建議的幹擾，在他們看來，工作不僅僅是為了賺錢，而更是為了體會樂趣與實現自我。他們很有抱負，善於從事能表達人文關懷的行業。因而能夠成為出色的社會工作者和福利機構管理者。管理嚴格的大型企業，或官僚主義盛行的職業場所，則不適合A型水瓶愛好自由，不受拘束的

性格。

　　水瓶座的A型人具備各方面的才能，應選擇適合自己才華和愛好的工作。他們理想的工作環境必須能給他們足夠的空間和自由，但現實中很難找到這樣的環境，所以他們很少在一個地方待很久，常四處遊走，學習和經歷不一樣的事物。由於水瓶座與A型在性格上的雙重性，他們在工作中會給人一種善變、辦事不牢靠的感覺，因此經常不會被委以重任。

　　要想加強自己的職場角色，那就多學習辦事情的執著與穩重。

B型水瓶：
不同凡響的職場創造力

　　B型水瓶的職場命運與個人的興趣愛好有非

常大的關係。如果他們能堅持自己的興趣愛好，不斷學習、拓展，並將它們發展成事業，那麼將會輕輕鬆鬆獲得比較大的成就。相反，如果把心思放在其他不感興趣的職業上，即使花費相當大的時間和精力也無法取得很好的成績。

此外，B型水瓶若想在工作上取得不錯的成績，最好選擇能自由發揮創造性才能的工作環境。過於刻板或保守的工作，如事務性或手工藝方面的工作最好不要去嘗試，因為這些工作需要長時間的專注、耐心和毅力，會剝奪B型水瓶的創造力。

適合B型水瓶的工作有技術開發、策劃製作廣告撰文、美術設計、畫家、導演、電腦藝術等，可以嘗試的職業有航太工業、飛行、社工、政治家、科學家等，最好別嘗試的職業是公務員、製造業、會計師、營造、醫師。

創造力，就是超越他人的職場秘笈。

O型水瓶：
想像為設計的獨創插上翅膀

O型水瓶，想像力豐富，喜歡創新設計，大家手邊常見的小物品，他們都能改造成新穎獨特的新玩意。O型水瓶喜歡發明創造，經常親手製作一些獨特的小設計。O型水瓶有一個很大的優點，擅長帶動周圍人的情緒，使氣氛熱烈而活潑，讓人感覺很放鬆，尤其對於沉默寡言的人來说，O型水瓶甚至讓他們感覺到存在的價值。

O型水瓶，身邊從不缺少朋友，更不缺少得力的助手，在職場能夠充分實現自己的理想和發揮自己的領導才華。O型水瓶熱愛自由，極其討厭受到約束，精神上的束縛讓他們無法容忍。身為下屬，厭惡專橫跋扈的上司，他們不會為了生存而從

事自己不喜歡的工作，待在自己覺得不舒服的工作環境。O型水瓶對國家機關，或者規規矩矩的工作，感到枯燥無味。

在工作上，O型水瓶常常能夠打破傳統，以創新思維來做事，開始時很難讓人接受，但最後事實證明你的思路是對的，漸漸大家也就放手讓他們去做。

O型水瓶很適合節目主持人、科學家、作家、醫生、發明家、藝術家、律師、飛行員等職業，其次天文學家、作曲家也非常適合他們，在這些領域他們能充分利用自己聰明的頭腦，發揮出過人的想像力及獨特的設計能力，在職場上獲得成功便成為水到渠成的事。

O型水瓶是個頭腦聰明、靈活善變的人，但是水瓶座的激烈個性，會經常發生跟人爭執的場面，O型水瓶應學會控制自己的情緒。

AB型水瓶：
玩轉職場機遇的智多星

AB型水瓶富有開拓精神，思維能力強，具有「先知」的特點。AB型水瓶喜歡推陳出新，發表新的、與眾不同的觀點，他們才華橫溢，因此常常得到上司的賞識與青睞。他們喜歡能夠擁有足夠空間和自由的工作，這樣才會讓他們隨心所欲地思考和發揮自己獨特的創新精神。

任何職業對於AB型水瓶來說都不是很難，只要有適合的環境，他們會最大限度地發揮自己的才能，去挑戰別人所不能企及的高度。

具有創新精神的AB型水瓶最怕一成不變的工作。不過，要學會分清形勢，不要盲目表現自己的創意，應該在聽取他人的想法後再表達自己，這樣

會使自己的人格魅力得到一定的昇華，職場道路也會越走越順。

　　AB型雙魚千萬不要委曲求全，選擇一份自己不喜歡的工作，這樣自己的才能也許就完全被埋沒了。

雙魚座職場特質

A型雙魚：
立定方向，盡情發揮工作專長

A型雙魚，充滿夢幻情思，具有不計得失，服務人民的博愛精神。如果能將天賦發揮出來，則不難自成一家。適合的職業有畫家、小說家、詩人、音樂家等。另外諸如美容師、服裝設計師、模特兒等主導流行的職業，也很適合A型雙魚。A型雙魚不太善於組織工作，比較願意做一些默默無聞的幕後工作。他們能夠強烈體察到別人的痛苦，喜歡幫助弱者，有成為伸張正義的律師的潛質。強烈的事業感也會令A型雙魚進入醫院或者宗教機構。

A型雙魚在現實的激流中常身不由己地被沖離了原定方向，造成了變化多端的人生。如果想在職場上獲得成功，就應該循著自己原定路線的前進，盡情發揮才華和專長，傾注全力去發展自己的職業。立足點穩定與否相當重要，故應確定明確的目標，堅定信念勇往直前。

　　一般而言，A型雙魚只要是做自己喜愛的工作，在任何環境下都能會傑出的表現，也會收穫事業上的成功。

　　正確定位自己，做自己想做的工作，將會獲得一定的成就。

B型雙魚：敏銳而高深的藝術家

　　B型雙魚擁有不俗的品位與傑出的才能，有難得的順應力、直覺力、想像力、藝術的天分和羅

曼蒂克的氣息。如果B型雙魚選擇到能充分發揮這些能力的工作，那麼他們將會成為事業舞臺上一顆閃閃發亮的星星。

B型雙魚往往耽於幻想，希望能通過一些省力的巧工夫得到想要的東西，他們的信條是：幸運、等待。但這往往是不可取的，幸運只給勤奮者，等待只會浪費時間，你只有經過自己的勤奮，才能走好人生的每一條路，獲得事業的輝煌。B型雙魚需要記住，工作不要加入太多幻想，應該以勤為本。

勤奮可以使B型雙魚更充分地發揮自己的聰明才智，做到任何天才所不能做的事，以及許許多多人所做不到的事。

適合B型雙魚的工作有音樂家、畫家、詩人、演員、舞蹈、占卜師、美術教師、自由作家、設計師等。最好別嘗試會計、金融、房地產、總

務、製造業等職業。

不做思想的巨人，行動的矮子。

O型雙魚：
主見，事業有成的擔當

O型雙魚，尤其當雙魚座氣質占主導地位時，缺乏主見的缺點會較為突出，無論大事小事做不了決定，還經常被別人牽著鼻子走，O型雙魚優柔寡斷的個性讓別人很難放心地把事情交給他們。O型雙魚十分在意其他人的眼光以及看法，只要別人建議他們怎麼做，八成他們都會按照別人的意思來，甚至改變自己原來的決定。這個缺點對O型雙魚來說是致命的。一旦他們被認定為無法託付的人，別人就很難對他們改變看法，這對職場中的他們來說十分不利，無論從事任何職業，可能都不

會一帆風順。最關鍵的是O型雙魚要在態度上表現得更為積極一些。雖然O型雙魚在工作上很有責任心，但是他們低調的態度無法讓人看到責任感。最好能展現自己積極的一面，這對自己的職場生涯有很大的幫助。

因為O型雙魚富有同情心，十分善解人意，加之天生的浪漫因數和藝術家氣質，適合從事老師、護士舞蹈家、作曲家和作詞家等。另外，雙魚座是和水有緣的星座，所以也很適合從事公共關係、海洋學家、水產養殖業等。在這些行業，只要O型雙魚努力，很容易做出一番成就來。建議O型雙魚根據自己完善的職業計畫來選擇職業，然後，聽取他人的意見，不斷改進自己的工作做法和工作態度。

不要在工作上搖擺不定，提前做好規劃，腳踏實地地朝自己的目標邁進。

AB型雙魚：
靈思慧心，與世無爭

AB型人的極端與雙魚座的矛盾的特質結合起來，造就了這樣一個特殊的人群，他們沒有一定的原則性，通常對於事物的答案沒有明確的結論。沒有勃勃的野心，喜歡沉溺於美好的幻想之中，加之個性單純，不適合競爭較激烈、鉤心鬥角的工作。

AB型雙魚心思細膩，感情敏銳，天生富有藝術細胞，應發揮自己的藝術天分。AB型雙魚的韻律感和審美品位也相當強，可從事兼顧興趣和收益的工作。

AB型雙魚天生浪漫多情，追求自由，討厭束縛，不會為現實和生存的壓力而妥協。因為AB型雙魚愛幻想而淡泊名利，對生活缺少動力和使命感，

喜歡過隨性自在的生活，這常常會讓他們陷入窘境，讓他們長生懷才不遇之感。AB型雙魚若能將幻想與現實結合起來，稍微向現實妥協一點，在追求愛好的同時，也解決自己的經濟問題，人生會更加順利。

在實際工作中，AB型雙魚總是心軟，學不會拒絕，如果能改善這一點，並提高自己對於生活的追求，壓制一點自己的敏感，迎合周圍複雜的環境，AB型雙魚會在工作中發揮很大的潛能，並能得到上司的賞識及重用。

壓制一點自己的敏感，迎合周圍複雜的環境，在職場中會更自如。

CHAPTER 3

你感到
疲憊了嗎？

Are You Tired?

Secret Of Stars And Blood Types.

A型人的健康

A型人身體較靈巧，忍耐力較強，平時不常生病，一旦生起病來，很可能會病得很嚴重。

1. A型人很容易患高血壓，這與A型人群的特異性格有關。

A型人常自尋煩惱，情緒波動大而造成血壓不經意間升高。精神因素是影響這一血型人群自身健康的主要因素，它們初步表現可能為憤怒、焦躁、恐懼。時間長了，有可能引起自主神經紊亂，血管收縮外周阻力增加、心搏出量增加、血壓升高。如果長期處於激烈緊張狀態，這種改變就固定下來，成為不可逆的病理現象。

2. A型人與腦血管疾病較有緣，尤其是腦梗死病，為各血型之首。

這是因為A型對血液黏稠度升高有較大的易感染性，而血液黏稠度升高則是腦梗死的重要發病因素。

3. A型人還較易患中風、癌症等多種致命性疾病。

據臨床資料統計，三分之一的癌症病人是A型。A型人常易患肉瘤、胃癌、舌癌、食道癌等。特別是胃癌，A型者明顯居多，因此A型人，如有上腹痛、飽脹不適、消瘦、食慾減退、嘔吐、便血等症狀，尤其是萎縮性胃炎者，應及早就醫診治。

對於A型的人群來說，愉悅的心情是治癒疾病的免費良方。你可以按照以下方法來緩解壓力。

（1）在日常生活中，多想想怎麼令自己精神舒暢，情緒穩定。凡事想得開點，自己的心情也會舒坦點。

（2）聽音樂是一種很好的調劑人情緒的方

法。偶爾聽聽音樂，像輕音樂、鋼琴曲、藍調音樂等較舒緩的樂曲都是很好的情緒調味品，還能體現出一種生活的情調，不至於其單調乏味。

對於A型的人群來說，對於易患病症的飲食預防以及治療也相當重要。A型人可以根據自己的體質狀況，明確自己在飲食上所需要的注意。

4. 易患胃病的A型人胃癌飲食應注意：

（1）多吃素食，少吃動物性食物或去除了纖維、礦物質、維生素的加工食品，如白糖、白米和白麵包等。

（2）多吃綠色蔬菜和豆製品，尤其是多吃一些新鮮、沒有烹煮過的水果和蔬菜，可以預防胃癌，提高身體的抵抗力。

（3）多吃蠶豆和蘑菇，其中所含的血凝素可預防結腸癌。

（4）每頓飯的食物種類不要太多，吃的食物

太複雜會加重胃部和消化系統的負擔。

（5）高蛋白質食物不要和碳水化合物一起吃，如：肉類不宜和米飯、麵包一起吃；蔬菜可和豆類一起吃，水果最好單獨吃。

5.易患動脈硬化的A型人飲食應注意：

（1）每天飲食所攝入的熱量與所消耗的能量盡可能地能保持平衡，多參加體育活動。

（2）儘量少吃或最好不要吃含脂肪比例比較高的肉類。

（3）吃飯要定時，兩頓飯之間不要吃零食，但可吃些蘋果、生胡蘿蔔或其他不提供脂肪含量的食品。

（4）不吃或少吃奶油、糖果或酸味飲料，少吃甜食。

（5）少喝咖啡、茶和含咖啡因的飲料，這些飲料會刺激大腦、心臟和循環系統，而且刺激胃酸

分泌，使人感覺饑餓。

(6)平時最好喝天然果汁、脫脂牛奶和水。

6.易患心臟病的A型人飲食應注意：

(1)儘量不喝湯，尤其是雞湯。否則容易增加血管壓力，導致病情加重。

(2)不能喝涼茶。因為涼茶在咽部可刺激迷走神經，導致心跳減慢，誘發心律失常，從而加重病情。

(3)多補充膳食纖維素，多吃竹筍、梅乾菜、芹菜、韭菜等蔬菜，多吃黃豆、燕麥等糧食作物。

(4)不宜吃含水量較多的水果，以免增加心臟負擔。而宜吃柿子、桃子、草莓、檸檬，因為這些水果都含有豐富的鉀，而鉀能防止體內鈉的積蓄，從而可以預防高血壓等疾病。另外，可以多喝蘋果汁。

A型人如何消除身心壓力

A型人由於他們本身的性格特性，他們面對的壓力往往也具有特點，然而無論在生活中還是在工作中，如何正確對待壓力並消除是一件至關重要的事情。

A型人面對壓力的表現

（1）A型人做事缺少計劃性，分不清事情的輕重緩急，當情況變化時，他們常常手忙腳亂，心生憂慮。隨著壓力增加，情緒波動不定，出現忽喜忽怒的表現。

（2）當壓力超過A型人的承受範圍時，他們反而倍感輕鬆，有種「既來之則安之」的頓悟。情緒較為平緩，凡事也能泰然處之了。A型的壓力極限

點對個體的差異較其他血型更大些。

(3)A型人的壓力如果得不到釋放，他們很可能會出現狂躁型憂鬱症。好在A型人雖然較容易積蓄壓力，但是他們大多沒有耐性，脾氣急躁，反而很容易在當時或稍後就把壓力釋放出去，鮮有自殺的念頭。

A型人消除壓力的方法

生活中，我們可能會產生程度不同的壓力。如果壓力長期積在心中，就會影響腦的功能或引起身心疾病，因而，我們要及時排解。很多時候，只要我們找到有效的途徑緩解壓力，心情就會感到舒暢。當A型人感到有壓力的時候，不妨試試。

第一，要建立自己的「支援網路」。不論任何時候，家人和朋友都是幫你緩解壓力的最堅強的

後盾和最牢靠的庇護傘。朋友們發自內心的關心和問候會讓你覺得在這個世界上，不管發生了什麼事，你都不孤獨。平時建立一個自己的「支援網路」很重要，當你面臨壓力的時候，你就不必獨自煩惱了。

第二，**多運動**。如果你喜歡運動，可以在壓力巨大時拚命跑步，使勁打球，或者打沙袋——把給你施加壓力的事物想像成沙袋。

第三，**聽音樂**。感到壓力時，可以聽聽讓人愉快的音樂，音樂會把你帶入另一個時空，然後，你會發現讓你不快的事情可能已經沒有那麼嚴重了。你也可以到歌廳裡去吼幾嗓子，不管你有多大的壓力，它都會隨著你的歌聲沖上雲霄。

第四，**瘋狂書寫**。把不滿情緒盡情地寫出來，想怎麼說就怎麼說，怎麼解氣怎麼罵，可是寫完後，要一把火燒掉。你會發現你的氣也化做雲菸

了。

第五，哭泣也是一種釋放壓力的方式。當過度痛苦和悲傷時，放聲痛哭比強忍眼淚要好。

第六，不要拿自己的錯誤來處罰別人。有些人當自己受到冤枉或不公正待遇後，也冤枉別人或不公正地對待別人。事實上，當你傷害別人時，自己會再次受到傷害。

第七，不要拿自己的錯誤來懲罰自己。何謂好人？如果交給他十件事，他能做對七八件，他就是好人。顯然，這句話潛藏著另外一層含義，就是好人也會做錯事，好人也會犯錯誤。所以，好人做錯了事，一點都不要緊，犯了再大的錯誤也不要緊，只要認真地找出原因，認真地吸取教訓，改了就好。

第八，多吃一些抗壓食物。研究發現，含較多B族維生素的食物可以使人精神亢奮，如糙米、

燕麥、全麥、瘦豬肉、牛奶、蔬菜等。含硒較多的食物可以增強抗壓能力，如大蒜、洋蔥、海鮮類、全穀類食物等。

第九，每天補充一粒維生素C。維生素C能夠有效消除壓力，現代人絕不可忽視這個減壓的好方法。

A型人情緒宣洩要合理

情緒應該宣洩，但宣洩應該合理。當有怒氣的時候，一不要把怒氣壓在心裡，生悶氣；二不要把怒氣發洩在別人身上，遷怒於人，找替罪羊；三不要把怒氣發洩在自己身上，如自己打自己耳光、自己咒自己，甚至選擇自殺的方法當做自我懲罰；四不要大叫、大鬧、摔東西，以很強烈的方式把怒氣發洩出去。上述做法不但於事無補，反而會

使問題進一步惡化，給自己帶來更大的傷害。

A型人的睡眠品質

大家都知道「健康來自於良好的睡眠」，低品質的睡眠會帶來一系列的肌體損害，比如說健忘、記憶力下降、免疫能力降低、內分泌失調等等，更有甚者，還會引發神經系統的疾病。

因此，讓我們振臂疾呼「我要睡眠」吧，正常的高品質睡眠不但不是什麼可恥的事情，而且對人百利而無一害。

A型人經常睡不踏實，稱得上是「睡眠極淺」型的，這類人是值夜班的最佳人選。因為稍微有一點風吹草動，他們馬上就會醒過來，只有在連續熬夜，體力實在不支的時刻才能倒頭呼呼大睡。

據研究發現，人經歷了十八小時連續不睡

後，相當於血液血精濃度為0.05%，這說明睡眠不足的危害和酒精的毒性不相上下。對愛美的女生來說，睡眠差將會是肌膚美容的「天敵」，如果不想讓自己「中毒」的話，還是應該主動採取措施改善自己睡眠品質的。

A型人要想擁有高品質的睡眠，不妨試一下以下幾點小建議：

（1）聽聽有著催眠功能的輕音樂。研究表明，一些節奏舒緩，旋律平和的鋼琴曲的催眠效果很明顯。邊聽音樂邊設想自己身在一座寧靜的小木屋中，屋外是遼闊的星空，耳邊拂過泉水叮咚的聲音，這種身臨其境的「大自然療法」會讓人很快入睡。

（2）多吃有利睡眠的食物。麵包、甜點、牛奶等含碳水化合物的食物不僅能夠促進睡眠，還會延長睡眠的時間。但需注意不要喝太多飲料，否則

會只顧去衛生間，最後反而越來越清醒，睡意全消。

醫生建議睡前飲一杯熱牛奶，可以增加人體胰島素的分泌，增加氨酸進入腦細胞，促使人腦分泌睡眠的血清素；同時牛奶中含有微量嗎啡樣式物質，具有鎮定安神作用，從而促使人體安穩入睡。

（3）身心鬆弛，有益睡眠。人越是緊張，越是強行入睡，結果越是適得其反，保持平常而自然的心態很重要。在睡覺之前到戶外散散步，上床前用熱水泡腳或洗個熱水澡，對順利入眠很有好處。

（4）保持正確的睡姿。睡眠姿勢因人而異，以舒適為宜。

A型人經常是躺在床上的時候，腦子裡的思維異常活躍，許多事情在腦海裡徘徊不去，一個接一個。即使好不容易睡著了也是時睡時醒、多夢，長期下來搞得自己精疲力竭，工作時頭昏腦漲、無

法專心，長期下來不但容易頭痛，也容易造成腦神經衰弱，甚至在外觀上可能呈現未老先衰的現象。對於敏感的A型女性來說，失眠是造成黑眼圈與皮膚晦暗、粗糙、皺紋等老化現象的「罪魁禍首」，治療失眠刻不容緩。

A型人不同年齡時期的保健重點

A型人的兒童健康

健康也是一項投資，需要從小培養起。由於A型人腎上腺激素過高，並且腎上腺非常敏感，極易受到刺激，因此A型的兒童健康，應該做到以下幾點：

1. 從兒時起，就要保證孩子不要看太多的電視，避免包含有暴力、恐怖、危險或戰爭的節目或電影。

2. 從小讓他熟悉一些舒緩的運動，例如深呼吸和伸展運動等，並盡可能早地讓他做這些運動。

3. 由於嘈雜、混亂是A型的人產生壓力的大壓力源，因此應儘量避免孩子處在嘈雜的人群中。

4. 要讓孩子保持健康、美麗的身體，應建議孩子少食多餐，如可以每天吃六頓，而不是每天吃很飽的三頓。

5. 嚴格執行作息時間，保持人體生物鐘的正常節奏，避免引起腎上腺皮質素的不平衡。

6. A型人具有壓抑自己情感的傾向，其情感不易被人察覺，所以要特別注意你的孩子的情緒變化。

A型人的少年健康

少年是人生成長的重要時刻，對A型的人來說，尤其重要。因此，父母應該對A型少年做到以

下幾點：

1. 少年開始對社會產生好奇，容易喜歡上一些暴力的、易衝動的人物藝術形象，然而因為A型的人腎上腺激素極易被刺激，所以應避免孩子看有暴力內容的電影和電視節目。相反應該讓孩子多看一些喜劇，笑聲可以減輕壓力。

2. A型人不適合做需要耐力和競爭性強的運動，因此在鼓勵孩子運動時，避免做這些運動。

3. A型人更容易感到沮喪和氣餒，尤其是成長時期的少年，因此，父母要及時與孩子談心，要讓孩子學會處理問題和對待挫折的態度和方法。

A型人的中年健康

中年階段是健康的相對穩定的階段，對於對A型人來說，雖然這個階段的你會很健康，但不要太過大意，否則你的老年健康將會為此買單。

1.這個時期的你，面對眾多的生活與工作的壓力，莫不可慌亂，要冷靜面對，處理事情也不要感情用事。注意情緒的調控。

2.不僅要注重心靈的洗澡，還要多多參加一些體育運動，增強機體活力，生活要更加規律才是。

A型人的老年健康

A型人更應該注意老年的生活。老年人生理機能開始衰弱，對於A型的老年人來說，胃酸大量的降低是他們健康的最大障礙。通常A型人進入老年後，胃酸還會降低大約1/5左右，這使本來胃酸就少的A型人的消化系統更加脆弱。因此，A型的老年人更應該注意自己的飲食計畫。

1.要特別注意堅持A型的飲食計畫，以保持胃酸的含量，促進食物的消化吸收。

2. A型的老年人具有睡眠不好，甚至失眠的傾向，所以要保持生理節奏的正常運轉，還可以在醫生的指導下補充維生素B12或其他的營養成分。

3. 由於A型人飲食中缺少乳製品，這會影響A型人的鈣元素的吸收，所以A型的老年人及少年兒童要特別注意鈣的補充。

4. 60歲以後，A型人的嗅覺就開始下降，這會影響你的食慾和消化系統的功能，導致食物攝入量不夠，從而影響身體健康。如果你的嗅覺下降的話，可以在醫生的指導下補充一些微量元素。

5. A型的老年人要特別注意不要生氣，因為激動、生氣都會使得他們本來已經很高的腎上腺皮質素更高。如果經常這樣的話，就可能會引發骨質疏鬆症，甚至導致老年癡呆症的發生。

A型女生美容養顏攻略

A型女性大多比較清瘦，不易發胖，且A型的中年女性臉上的皺紋比其他血型的同齡女性要少。儘管她們有得天獨厚的條件，但在平時她們還是應注意以下事項，這樣才能夠讓自己的美麗以及魅力擁有更長的延期。

　　1. A型女人比較挑食，這不好，要儘量加以改變。人體需要多種營養物質，如果缺少某一營養素，人體就會出現不良症狀，例如疲憊、貧血等。

　　2. A型女性喜歡熬夜，越在夜深人靜時，她們的大腦越興奮。但熬夜是美容的大敵。如果你想成為漂亮的女人，最好調整作息時間，早睡早起，久而久之，你便發現自己沒有黑眼圈，皮膚紅潤有光澤。

　　3. 隨著年齡的增長，膚質會有變化。要想始終保持光豔照人的肌膚，可以根據自己的年齡和膚質選擇合適的化妝品，相信你的皮膚會越來越好！

A型人肥胖原因及瘦身撇步

　　你是不是經常會很詫異，為什麼有的人怎麼吃都不會胖，而有的人喝白開水也會胖起來？為什麼有些人為了減肥，小心謹慎地少吃，甚至不吃，結果體重照樣增加？其實，這與人的血型有關。美國著名的「自然療法」專家彼德・達達姆醫生曾提出「人的血型決定他們身體所需要的食物類型」。換句話說就是，人的血型決定了身體如何利用不同的食物。

　　A型人的祖先是最先從事農耕的。相較於O型血的人，A型人消化器官要弱得多。因此，A型人在飲食上應遵循下列原則，否則，容易導致肥胖。

　　(1)植物性蛋白質如大豆蛋白質，是A型人最佳的健康食品，常吃可預防心血管疾病和癌症。所以，A型人更適宜以素食為主，在日常食譜中應加

強對大豆、穀物、雞蛋等的攝取。

（2）A型人務必每天喝一杯木瓜汁，它能分解各式肉類中的脂肪及有害物質。

（3）A型人應儘量少吃肉類食物，即使嗜肉，也應慎食牛肉、羊肉等肉類，最好以鮮魚（鱸魚、鯉魚為佳）和雞肉代之，否則將會有肥胖之憂。

（4）A型人應對進食奶油及各種乳酪、霜淇淋、全脂牛奶等以純乳為原料製作的食品有所限制。

下面是介紹A型人減肥方法，僅供參考：

（1）橄欖油、大豆、綠葉蔬菜、鳳梨，是有瘦身追求的A型人的上選。

（2）肉類、乳製品、菜豆、小麥等食品，是瘦身的絆腳石，A型人要遠離這些。

（3）A型人適合做瑜伽，它不僅能安神定緒，減輕精神壓力，而且還有助於瘦身。

　　（4）減肥期間，保持心情愉快很重要。A型人適合一季或半年的長程減肥計畫，例如健美操、游泳、跑步等運動，再配合低脂飲食，身材窈窕將不會是夢。

B型人的健康

從人類歷史的發展進程來看，B型人是繼O型人、A型人後出現的血型，是在O型森林狩獵者和A型山地拓荒者的基礎上形成的草原畜牧者。B型人首先來自印度，是高加索人與蒙古人的混血。因此B型人既能接受O型狩獵者的高蛋白食物形式，也能很好地吸收A型拓荒者的素食風格，即同時具有O型人和A型人的體質特徵，擁有平衡營養的能力，是一種比較完美的血型。

在A、B、O血型中，B型血是與A型血相對抗的血型，有專門對抗A型血的因數，因此無論在性格、為人處世，還是在體質方面，都表現出與A型血截然不同的特徵。

在ABO血型系統建立後，研究者發現，不同

的血型在體質特徵上的表現是不同的。對B型血來說，紅細胞上的B型抗原和血清中的抗A抗體能夠很好地結合，形成非常完整的免疫系統。所以可以這樣說，B型血是在四種血型中免疫力最強、最健康的血型。B型血的強健的免疫系統，使B型人體內較容易取得平衡，能夠快速地保護人體不受各種疾病和病毒的侵襲。

陽光、健康的B型人，很受現代人的歡迎。B型體質通常能夠抵抗現代生活中許多嚴重的疾病，比如心臟病和癌症。而且，尤其值得一提的是，即使B血型的人得了這些嚴重的疾病，他們也是生存幾率最高的人。在所有血型中，B型抗癌能力最強，很少患乙型肝炎，但是易患結核病和齲齒，較易患乳腺癌、白血病和口腔癌等疾病。

在飲食方面，B型人可以說是上天最恩寵的一類血型，無論是動物類還是植物類，幾乎什麼東

西都能吃。所以,他們的適應能力特別強。

在消化系統方面,由於B型人的新陳代謝速度比較快、效率高,所以B型人不僅能夠很好的吸收各種有益的營養物質,而且是四種血型中惟一能夠盡情享用乳製品的人。所以,B型血也有「完美血型」之稱,是最讓其他三種血型的人嫉妒的物件。

雖然天生體質良好,但是由於B型人的漫不經心與我行我素,對身體健康狀況關注不多,他們會根據喜好暴飲暴食,加上對疾病無關緊要的態度和懶散成習的惰性,所以也比較容易患上糖尿病。

克制口腹之欲,多點關注身體狀況,並加上持之以恆的運動,這是B型人保持身體健康的重要原則。

B型人如何減輕壓力

B血型人的承壓能力血型與承壓能力之間沒有直接的關係。但是不同的血型卻因體內所含腎上腺的不同，對壓力表現出不同的反應。

從醫學角度講，一個人承受壓力的能力大小，與體內腎上腺激素的分泌有直接的聯繫。當壓力來臨時，腎上腺激素會對大腦神經和肌體組織產生刺激，從而使人產生擔心、煩躁、憤怒等心理現象，繼而出現神經緊張、食慾不振、抵抗力下降等生理現象。因此，腎上腺激素分泌的多少，以及對機體神經的刺激順序，直接關係到每個人承壓時的表現。例如A型人遭遇壓力時，通常是腎上腺激素先刺激他們的大腦神經，因此，A型人容易在心理上做出反應。與A型人不同的是，B型人在面對壓力時，他們會在心理和生理兩方面同時對壓力做出反應。

B型人體中的腎上腺皮質素含量比較適中，

而且其分泌能夠被有效控制，所以，當遭遇壓力時，B血型人的腎上腺激素會同時對他們的大腦神經和肌體組織產生刺激，從而使他們在心理和生理兩方面產生反應。面對壓力，B型人會有煩躁、多動的反應。不過，與O型人和A型人相比，B型人的反應時最不激烈的。所以，從這個層面上講，B型人對壓力具有很強的承受能力和抵抗能力。

B型人的睡眠狀況也許能為這個結論提供一些證據。我們知道，壓力承受能力差的人經常會「日有所思，夜有所夢」，睡得不安穩甚至失眠。但是，B型人的睡眠狀況在四種血型中，幾乎是最好的。B型人是「處處能睡」型，無論白天裡有什麼難以解決的事，只要晚上睡覺時間一到，他們就會放下一切呼呼大睡，而且不論身在何處，都能睡得很安穩。

當然，壓力承受能力並不是單單由血型決定

的，除了血型，還受到出生環境、家庭背景、成長條件等因素的影響。但是，由於性格上的樂觀開朗，大部分B血人面對壓力時，都能迅速調整心態，通過相應方法幫助自己減輕壓力。當然，不同的B型人所表現出來的壓力承受能力是不一樣的。

B型人不喜歡太壓抑受束縛的工作，如果持續在這樣學習、工作狀態中持續下去的話，他們會產生心情苦悶、思想疲勞、精神不振等症狀。那麼，天性樂觀的B型人最好以什麼樣的方式來「解壓」呢？

首先，運動是B型人解壓最有效的方法。不過，過於劇烈的運動和過於緩慢的運動對B型人來說都不是很管用，B型人最好選擇中等強度的運動，比如平地散步、慢跑、平地騎車、上下樓梯、打羽毛球、划船等等，這些運動都可以有效地幫助B型人消除心裡的壓抑，讓精神、情緒恢復到平衡

的狀態。當然，到大自然走走，郊遊、釣魚，或者栽培植物、飼養動物等等，這些運動也是不錯的選擇。

其次，B型人可以通過飲食來減輕壓力。例如B型人感到疲勞時，可以多吃一些動物蛋白質，如雞蛋、瘦肉、海鮮等，這對消除疲勞有很大的好處。另外，B型人還可以適當地多吃一些乳製品，特別是優酪乳。

再次，保持規律的生活習慣。因為人體的各種生理機能都是按照人體生物鐘的節奏運轉的，而人體中腎上腺皮質素含量的高低也是按照生物鐘的節奏進行調節的。規律的生物鐘，不但可以使B型人各種生理系統的功能更強健，而且還會增強其對壓力的抵抗力。否則，一旦B型人破壞生物鐘的節奏，那麼，他們本來很適中的腎上腺皮質素的含量就會變得很高，從而降低承壓能力。

B型人如何管理健康

即使有著其他血型所沒有的強健的自身免疫力和抵抗力,有著值得驕傲的消化系統,也有著樂觀的天性和自我調節能力,但是,身體再好的B型人,由於不喜歡運動、不關注自己的身體狀況,身體也會出現這樣那樣的健康問題。

在傳統星座術中,12星座又被分成水、火、土、風四象星座,下面,我們來看看在四象星座中的B型人是如何管理自己的健康的。

B型人中的火象星座:包括B型白羊座、獅子座和射手座。這三個星座中的B型人通常精力充沛、活動比較多、忙得團團轉,所以他們對個人的事情比較粗心,常常忽略自己的健康狀況。所以,這三個星座裡的B型人平時要多注意日常飲食習慣,要有良好的營養搭配意識,不要為了貪圖方

便而吃太多的外賣、泡面或者垃圾食品。同時，也要多注意個人的衛生習慣，防止細菌病毒的入侵。與此同時，火象星座的B型人有健忘的特點，所以在日常生活多做提高記憶和集中注意力的訓練。

B型人中的水象星座：包括巨蟹座、天蠍座和雙魚座。這三個星座中的B型人比較感性，容易敏感、情緒波動，所以壓力經常比較大，睡眠品質沒有其他星座的B型人好。而且，讓他們不瞭解的是，他們「心不寬」卻「體很胖」，身體像發福一樣，總是胖嘟嘟的。因此，給水象星座的B型人的建議是，可以多做一些中等強度的運動，多消耗體內累積的熱量；如果沒有時間做運動，那麼可以在上下課或上下班時間休息的時候，在屋子、走廊到處走走，伸伸懶腰、舒緩肢體，盡可能減輕浮躁、疲憊的感覺。

B型人中的土象星座：包括金牛座、處女座

和摩羯座。這三個星座中的B型人身體的抵抗力一般比較強，耐力也比較好、擔心的事情非常少、睡眠品質很好，身體一般不會有什麼大病。不過，困擾他們的問題和上面其他星座的B型人一樣，就是容易發胖。所以，給土象星座B型人的建議是，注意在飲食上有所節制，講究營養均衡。而且，最好能加上適當的中等強度運動。這樣「雙管齊下」，才能保證身體的健康與苗條。

B型人中的風象星座：包括雙子座、天平座和水瓶座。這三個星座中的B型人心態開朗，而且相對比較理性，他們比其他星座的B型人喜歡學習，對健康知識也有所關注，所以，他們的健康狀況一般比較好。不過，他們還是避免不了B型人三天打魚兩天曬網的缺點，對健康知識的涉獵與身體的保健運動也總是半途而廢。而且，他們喜歡熱鬧，又比較貪玩，生活節奏比較不規律。所以，給

風象星座的B型人的建議是，克服自己的缺點，嘗試堅持到底，多約束自己的行為，這樣才能保證你的身體不跟你鬧彆扭。

B型人的瘦身策略

在四種血型中，B型人體質算是比較容易胖的，在各種肥胖的原因中，出現在B型人身上的主要有以下兩方面：

喜歡美食，經常呼朋引伴聚餐歡慶，因此導致營養剩。加上經常熬夜工作、作息不規律，導致飲食時間不正常。

過量攝入雞肉、麵條、土豆、蕎麥、花生、胡麻以及小麥等食物，這些食物含有凝結B型血液的血凝素，使B型人消化不良，阻礙其新陳代謝，導致營養過剩，以脂肪的形式儲存起來。

　　所以，減肥，便成了B型人日常生活中的一件大事。

　　從理論上講，B型人的瘦身之旅應該要比A型人的容易，因為他們身體的調節能力比較強，不像A型人那樣有胃酸含量偏低的消化系統問題，而且對各種食物的消化能力也比較強。但是，B型人的減肥過程總是比較「慘烈」的，往往是「雷聲大、雨點小」。因為B型人社交能力強，經常要應酬，難免吃得太飽；在他們的減肥口號喊響以後，行事的熱度常常只有三分鐘；B型人愛憑自己的感覺做事，當發現減肥的過程太辛苦便會中途而廢。

　　鑒於B型人的性格特徵、興趣愛好，有關專家專門給B型人量身打造了一個瘦身策略，做到以下幾點，B型人擁有一個美麗、健康的身材並不是可望不可即的事情了。

　　要讓熱愛社交的B型人在家閉門修煉時幾乎

不可能成為現實的事情，所以B型人在聚餐的時候一定要時刻提醒自己：少吃東西、多交流，並且經常量血壓。

減慢進食速度。在進食過程中，仔細咀嚼食物，會使得碳水化合物分解成為葡萄糖，葡萄糖吸收進入人體後，體內的血糖水準就會升高，當血糖升高到一定水準時，大腦的食物中樞會發出停止進食的信號，從而達到瘦身的目的。

把進食時間提早。早飯安排在6點鐘以前，午飯安排在10點鐘左右，即可收到良好的減肥效果。

乳製品可以多吃。與其他血型減肥要避開乳製品不同，B型人可以多吃乳製品，食用適量的乳製品對B型人保持新陳代謝的平衡有一定的幫助。

吃飯時保持輕鬆愉快的心情。儘量每天在就餐環境舒適、食物味道好、有親朋知己、有充足時

間的條件下，輕鬆愉快地吃飯，這樣有助於通過消除「腦疲勞」而減肥。

選擇自己喜歡的減肥方式。B型是享樂主義者，不喜歡單調的減肥方式，所以最好選擇帶點遊戲氣氛的減肥方法，例如，網球、拉丁舞、健身操、等。B型只有把運動堅持下去，才能讓「減肥大業」或是有氧運動。

忌諱食用：土豆、蕎麥、花生、胡麻、小麥、玉米、玉米餡餅、扁豆、花生、芝麻、麵包、餅乾等。

少量食用：雞肉、肥豬肉、火腿；龍蝦、章魚、蝦；乳酪、霜淇淋；蔬菜油；各類堅果、黃瓜；非稻穀類麵包；玉米、蘿蔔、椰子。

建議食用：沙丁魚、乳酪、優酪乳、菠菜、茄子、蘿蔔、蘋果、香蕉等食物。

可減肥的食物：綠葉蔬菜、雞蛋、乳酪、優

酪乳。

B型人易患疾病及防治方法

我們知道，血型是人體最穩定的遺傳性狀之一，而且由於人體免疫也受遺傳因素的影響，所以，一個人是否患病，患什麼樣的疾病與血型有著千絲萬縷的關聯。對B型人來說，因為擁有一套強健的免疫系統，所以他們似乎比別的血型多了份防護，但是，在疾病的易患系統上，B血型的人卻比A血型的人要多的多。

細菌好像特別喜歡B型人，所以B型人是四種血型中最容易受到細菌感染的。在流行性感冒發生的季節，B型人最容易患上感冒。B型人由於自身某些免疫系統功能失調，有時候會引發一些很難治癒的疾病，給他們帶來巨大的折磨和痛苦。如風濕性

關節炎和一些癌症,就是常見的典型自身免疫系統性疾病,而且女性得這類疾病的危險性比男性要大。

在四種血型中,除了流行性感冒,B型人也容易患上齲齒、結核病、細菌性痢疾、口腔癌、食管癌、肺癌、乳腺癌和白血病等疾病。下面針對B型易患疾病提出一些防治方法。

流行性感冒。流行性感冒是B型人最容易招惹的病毒,因為流感病毒的某些抗原物質對B型人的B抗原及抗A抗體有很大的親和力。在流行性感冒發生的季節,B血型的人要特別注意做好預防措施,遠離人群聚集的地方,注意個人衛生,減少被感染的機會;平時通過運動增強體質,提高抵抗力;主動接受流感疫苗注射或噴霧接種;在飲食方面,在保證營養充足的前提下,適宜清淡少油膩,平時多喝水。

痢疾和腹瀉。B型人易患痢疾和腹瀉，這是由細菌感染引起的，飲食不當是導致B型人患痢疾和腹瀉的最主要的原因，尤其在夏秋季節要特別注意。B型人平日要注意個人衛生、遠離人群，減少被感染的機會。尤其不要生食食物，而且生食熟食要分開存放，避免交叉感染。尤其要注意的是，如果一旦出現脫水的症狀，要注意多喝鹽水、糖水、蔬菜汁和果汁，以保持體力。

　　慢性疲勞綜合症。B型人如果長期處在高壓力或者不愉快的環境中，就會產生慢性疲勞綜合症。另外，如果缺少某些營養物質如維生素B、維生素C、鎂元素和鋅元素等，也會產生這種疾病症狀。這時，B型人要儘快想辦法減輕壓力並調整自己的心理狀態，這是預防慢性疲勞綜合症最有效的方法。同時，也要適當補充各種所需的營養物質，不過，一定要在醫生的指導下進行。

食管癌。從理論上來說，B型人的抵抗力比較強，似乎不會患上消化道癌。但恰恰相反，食管癌卻是B型人最易患的癌症疾病。專家經過研究認為，B型血中的一些基因可能與腫瘤有密切關係，而這種癌變與可能與遺傳和分子學機制無關，而與B型人的性格特徵、飲食習慣等原因有關。要預防食管癌的發生，B型人需要改變不良的飲食習慣，不吃黴變、腐爛食物，少吃或不吃熏烤、醃制的食物，不喝受過污染的水，從食物來源上杜絕疾病的發生。

只要B型的人堅持合理的飲食，並完全配合醫生的治療，即使是罹患癌症這樣嚴重的疾病，也是最容易存活下來的那一個。

所以，不管有沒有患病，B型人都要格外注意平日飲食和保健，對自己的生命與健康負責。

O型人的健康

　　O型人是四種血型中體質最好的。因為在成長階段中，食慾旺盛，睡眠充足，所以他們大多體格健壯，身體結實，他們中往產生許多優秀的運動員。O型人，無論男女，男性化特徵比其他血型明顯，他們性格爽朗，說話乾脆，上進心強，在外貌特徵上，有毛髮濃密的典型特點。

　　O型女性說話聲音比其他血型的女性要響亮很多，她們更容易動怒。因為O型人起源比較早，他們說話時的肢體語言比較多，面部表情和變化也要豐富得多。他們精力十分旺盛，比較好動，因此，常常喜歡過夜生活，喜歡熬夜。他們的睡眠品質很好，男性中打呼嚕者較多。

　　O型人在健康方面，容易患病，但壽命都比

較長。易患胃病、十二指腸潰瘍，婦科病、膀胱癌等。還容易神經衰弱。

O型人現實的推理性思維方式，也影響了他們的體質特徵，這其中的原因還在探索當中。

O型人如何減輕身心壓力

O型人進取心強，即使身體感到不適也不願放棄手中的學習或工作。因此，積聚在身體中的壓力無法釋放，很容易得胃潰瘍。

通常情況下，如果O型人稍微有一些壓力或遭受一些困苦，他們喜歡以嘮叨的方式轉嫁到周圍人身上，所以不容易積聚壓力。

當O型人所承受的壓力超出他們的極限時，他們的情緒、情感會發生急劇變化，產生極大的波動，通常會表現出沉默寡言、不知所措的狀態。這與平時的他們判若兩人。

O型人適合的減壓方式

1.暴力減壓

暴力減壓是用較為暴力的方式來發洩情緒。在英國、日本等地都出現了許多以「暴力」形式減壓的店鋪，在店裡可以打各種人偶、摔桌子、摔碗等等，讓人們宣洩壓力，生意十分火爆。

O型人可以隨身攜帶一些小氣球、捏捏球、塑膠玩具等小物品，心情鬱悶時，可以捏一捏，或者找個沒人的地方，摔塑膠盤子。或者找個空曠的地方，如足球場、天臺，大聲吼幾聲，來緩解家庭、生活中的各種壓力。

2.音樂減壓

音樂可以舒緩人的情緒，當人們伴隨著音樂節奏快樂或平靜時，壓力能夠得到釋放，關於這一點，很多人都深有體會。

無論聽什麼歌，當人們沉浸在音樂中的氛圍裡時，能夠讓人們忘記或者淡化自己的壓力，心情也慢慢平靜。這是四種血型通用的減壓方式。

3. 運動減壓

O型人的體質特徵，天生就富有充沛的精力，十分適合劇烈運動。O型人在消耗體力的過程當中，使得肌肉組織呈現酸性，這正是O型人精神的來源。

O型人健康方面容易出什麼問題

O型人群大多具有較佳體質，雖然平常較易生病，但平均壽命較長。相較於其他血型的人群，O型人群患癌症、心腦血管疾病的概率比較低。

O型血這一最古老的血型，具有原始的開放性和包容性。因此，在健康上，很容易出現原始的

消化系統疾病特徵。

1.O型人群最易患胃腸類疾病，如腸胃炎以及消化道潰瘍等。

這是由於O型人胃酸分泌本來就多，加上他們的性格又大大咧咧，不注意飲食調養，所以很容易刺激胃腸，引發胃腸類病。因此，在日常飲食上，O型人群可適當注意下面兩點：

（1）多食用生薑、亞麻籽、海藻等，對預防胃腸炎有較好效果；

（2）可食用富含B族維生素、C的食物（如新鮮蔬菜水果）和黃連素等，防止細菌感染引起消化道潰瘍。

2.O型人易罹患甲狀腺功能失調和炎症。

O型人甲狀腺最容易出現機能亢進或減退的情況，這給O血型的人帶來了很多健康問題，包括脫髮、恐慌緊張、渾身乏力等。而且，O型人可能

發生炎症的範圍和概率都比其他血型的人更大一些。所以，這類人在飲食上應堅持O型血的飲食計畫，避免食用過多的穀類食物，尤其要避免全麥食物和乳製品。

3.O型人易在手術中大出血，需格外注意。

（1）如需做手術，手術前千萬不要吃大蒜、銀杏等，這些食物會使血液變稀；

（2）平時補充一些維生素A、維生素C、維生素K等，有助於血液凝固。

此外，在B型肝炎患者中，O型人最多，且病情較重。發生妊娠中毒的患者也以O型血最多，且與新生兒溶血病關係密切。O型血的男性易患前列腺癌、膀胱癌等。

當然，以上所述並非絕對，易患疾病也只是相對而言。影響人體疾病發生和發展的因素眾多，只有養成良好的心理與生理習慣，並注意保健，才

是真正的健康養生之道。

除此以外，還有以下5種基本的預防疾病的方法：

1. 增加運動

加強自我運動，可以提高人體對疾病的抵抗能力，還是放鬆心情的良藥。可以制訂一個鍛煉計畫，通過慢跑、騎車、打球，等等，釋放情緒，減少自由基的侵害。

2. 少菸少酒

吸菸時人體血管容易發生痙攣，局部器官血液供應減少，營養素和氧氣供給減少，尤其是呼吸道黏膜得不到氧氣和養料供給，抗病能力也就隨之下降。少酒有益健康，嗜酒、醉酒、酗酒會削減人體免疫功能，必須嚴格限制。

3. 保證睡眠

睡眠應占人類生活的1/3時間，它是幫你和

「亞健康」說再見的重要途徑。

4. 把心放寬

人在社會上生存，難免有很多煩惱，必須應付各種挑戰，重要的是通過心

理調節，維持心理平衡。

5. 勞逸結合，張弛有度

不能讓身心一直處於高強度、快節奏的生活中，每週遠離喧囂的都市一次。郊外空氣中，離子濃度較高，能調節神經系統。適度勞逸是健康之母，人體生物鐘正常運轉是健康的保證，而生物鐘「錯點」就是亞健康的開始。

O型人養生建議

每種血型都具有一定的抗原，用不同的方法作用於不同的物質，尤其是對植物血凝素，所謂植

物血凝素是一種含在食物中的蛋白質，可以讓血液凝固。可增加體重的食物：小麥及其副產品：面餅、甜麵包、白麵包、玉米、餡餅、餅乾、小扁豆、四季豆、花椰菜和洋白菜等。經過炎熱而漫長的盛夏，身體消耗較多的能量而進食相對不是很多，因此在氣候溫度漸低的秋季，就必要調養一下身體，也為寒冷的冬季的來臨積蓄好能量。人們經常會因為快節奏的生活而忽略的平日的飲食，大部分人僅是滿足於簡單的溫飽就好，忽略了營養搭配。一瓶純淨水一份速食、一杯可樂一個漢堡可能臨時的騙過我們的腸胃，長期這樣往往會對健康構慢性危害。飲食保健得當，肯定能讓O型人愉快地生活！

O型人祖先是狩獵民族，飲食特點是以肉食為主，他們的消化系統也比較適應這種飲食特點。但是光吃肉食是不行的，還是要注意營養平衡，才

能保證身體健康。因此,除了肉食外,O血型的人的飲食原則應遵循以果蔬為輔的原則。具體措施可如下:

1. O血型的人經常吃肉類食品,所以應該適當地補充適量的蔬果。應該遵循肉食為主,蔬果為輔的飲食原則。

2. 每週可以吃幾次富含優質蛋白質的肉類食品,以增強體力,數量不宜過多以中等為宜,這樣可保持旺盛的精力和快速的新陳代謝,從而增強體力。但如果肉類食品煮得過熟,就會破壞其中的營養成分,所以要注意在烹飪過程中把握好火候。

3. 要少吃或者最好不吃乳製品,它們不容易被O血型的人消化吸收。

4. 一些深海魚類,如鱈魚、鮭魚和沙丁魚等,富含魚油,可以適當地吃一些。這類食物有降低膽固醇、改善心腦血管的作用,對因高血脂、高

膽固醇、高血壓引起的心血管病起到了很好的促進作用。

5. 豆類不是O血型的人特別號的蛋白質來源，要適量食用。

6. O型血的嬰幼兒不宜多飲果汁，特別是不滿兩周歲的嬰幼兒。因為水果中部分物質，易與O型血液產生凝集反應，從而影響孩子食慾和銅元素、鈣元素的吸收，進而導致孩子營養不良，影響正常的生長發育。

7. 如果你的消化系統有毛病或體重過重，則要避免燕麥。全小麥食品也會引起很多問題，要儘量避免食用。玉米、小麥、土豆、花生、菜豆、四季豆和小扁豆等含有對O型血有害的凝集素食物，儘量避免食用。

O型女生美容瘦身全攻略

當O型血的女生發現皮膚出現狀況時，例如乾燥、起皺紋、長斑，不管什麼化妝品，統統抹在臉上，希望立刻改善。這絕對不是明智的做法。在美容方面，O型血應注意以下兩點：

1. **細心呵護自己的皮膚**。O型血女生性子急，凡事急於求成。雖然速效化妝品能解決「燃眉之急」，但對皮膚有刺激。所以，細心呵護才是保養皮膚的有效方法。

2. **不要頻繁更換化妝品**。O型血女性皮膚表面的皮脂腺、汗腺較粗，亂用護膚品，容易造成皮膚過敏或拮抗作用。必要時，你可以請教美容師幫你分析膚質，挑選適合自己的化妝品，堅持用完一定的療程。

AB型人的健康

從整體情況來看，因為AB型人不能承受睡眠不足，所以體質較弱。大概由於AB型人愛思考，他們比其他血型容易感覺到身心疲憊，他們需要大量的睡眠來補充精力。如果睡眠不足，則會影響他們一天的工作效率。

AB型人性格內斂、穩重，談吐得體，說話能掌握分寸。AB型人談話時表情很豐富，他們擅長通過五官表達自己的喜怒哀樂的情緒，尤其是濃黑眉毛下那雙機靈的眼睛，時常透露出AB型人既理性又溫和的一面但。但和A型、B型人一樣，AB型人在交談時，很少有手勢等肢體動作。

AB型人他們的協調能力強，這讓他們能夠在足球、排球等需要協作又需要個人表現的專案上充

分發揮自己的能力。又因為他們平衡力強、反應敏捷，兼具A型人和B型人在體質上的優點，所以他們常常在體操、乒乓球等體育項目上也會獲得卓越的成績；AB型人擁有良好的生活習慣、優質的睡眠，再加上合理的飲食調劑，他們的體形大多圓潤、豐滿。

AB型人在健康方面而言，較易患缺鐵性心臟病。要注意內分泌系統、呼吸系統、腹部等疾病。易患精神分裂症，有遺傳傾向。很少患結核病和妊娠貧血。

AB型人如何減輕身心壓力

AB型人不喜歡輕易暴露自己的內心世界，所以很容易集聚壓力。儘管他們的抗壓能力比一般人強，可是因為他們的情緒比較難以釋放，一旦壓力

出現，就會做出讓人意想不到的舉動來。

AB型既有比O型更冷靜的一面，也有隨心所欲、喜怒無常的一面，其性格的雙重性，使得其在情緒上也表現為兩面性：他們有兩條情緒曲線，一條如B型，既無明顯起伏，又無明顯的極限點；另一條則雜亂無章，會隨時間和場所自由變化，令人捉摸不定。

AB型人健康方面的問題

AB型人比較敏感，因為身體血液中包含著兩種相對的抗原，所以在易患病症的危險上，表現出複雜性。

1. AB型人極易感染急、慢性呼吸道疾病，要想降低感染率，在飲食上最好注意以下幾點。

(1)宜多食高熱量、高蛋白和維生素含量豐

富的食物，如牛奶、海魚、某些新鮮水果等。

（2）最好忌菸酒，因為菸酒對呼吸道刺激非常大。

（3）儘量少吃辛辣刺激性食物，如辣椒、生薑、洋蔥、韭菜等。

（4）如果有哮喘跡象，應避免進食生冷、鹹寒、油膩食物，如梨、荸薺、生菜及海味等。

（5）感染過敏性哮喘後，應忌食魚、蝦、牛肉、牛奶、雞蛋、公雞肉、蜂蜜、巧克力、羊肉等食物，以免誘發疾病。

2. AB型人群患高血壓的概率明顯高於其他血型。為預防高血壓發生，AB型人應注意下面各項。

（1）控制食鹽的攝入量，每天最好少於6克，以降低血液黏稠度。

（2）減少膳食脂肪的攝入量。脂肪是造成血液流變慢的重要原因。

（3）多進食蛋白質、纖維素食物，多吃蔬菜和水果，攝入足量鉀、鎂、鈣。

（4）應戒酒或嚴格限制飲酒。

（5）要控制體重，通常體重越重，患高血壓的概率越高。

（6）保持健康的心理狀態，減少精神壓力和抑鬱。

3. 有人類「第一殺手」之稱的冠心病也極易光顧AB型人。AB型人血液中膽固醇含量高，所以一旦心臟受損，症狀多較重，發生心肌梗死、心臟性猝死的比例也明顯較高。因此，飲食對於AB型人來說就顯得格外重要。好在AB型的飲食中，有很多食物，如檸檬汁、大豆及大豆製品、魚油、亞麻籽油和核桃等，對稀釋血液、降低膽固醇有非常好的效果。

此外，由於AB型人群個性比較冷靜沉著，神

經反應較敏捷，因此患精神分裂症的概率比其他血型高出3倍多。在缺血性心臟病病人中，也以AB型者居多。AB型的女性較易患宮頸癌。

AB型人養生建議

AB型為最晚出現、最稀少的血型，這類人擁有部分A型血和部分B型血的特徵。他們既適應動物蛋白，也適應植物蛋白，對於飲食及環境的變化能夠隨機應變。但其消化系統較為敏感，每次宜少吃，但可多餐。像不適合他們，而豆腐、乳製品和很多農產品則是很好的選擇。

AB型血的人胃酸少，不易消化肉類。雞肉、牛肉、豬肉等不適合他們，最宜於AB血型人的肉類蛋白質是羊肉、蛋類以及魚貝類，特別是蝸牛肉，有預防乳腺癌的作用。

AB型血人的健康食品有海產品、雞蛋、豆腐、綠葉蔬菜、乳製品和很多農產品，尤其是豆腐，但食無妨。

　　AB型的食譜要綜合A型與B型的特點，配合其消化系統脆弱的體質特點，其養生食譜更為精細化。

AB型女生美容養顏攻略

　　相較於其他血型的女生來說，AB型女生的免疫系統要弱些，所以在氣候稍稍有所變化的時候，她們更容易患感冒啊之類的小毛小病。鼻塞眼幹喉嚨痛，當然也就美不起來啦！所以，AB型更需要花些心思在肌膚護理上面的！

　　1. 要注意加強自己的保暖以及各種體育鍛煉，增強自己的體質。AB型的女生，往往是各種流

行性疾病首當其衝的物件，因此各種健身鍛煉相當有益。

2. 要注意預防感冒。對於AB型的女生來說，各種富含維生素的蔬菜水果非常重要，尤其是像富含VC的柳丁之類，對預防感冒非常有效哦！

3. 洗臉時宜用去汙力較強的香皂，以保持皮膚的乾爽，使皮脂腺暢通並能正常溢出，防止毛囊炎發生。

4. 尋找適合自己的護膚品。AB型的女生喜歡自然美，討厭臉上一層又一層塗很多東西。正是因為對護膚品之類的不講究，所以也不會亂買亂用。但是隨著年齡的增長，我們還是需要護膚品的呵護的。你不妨嘗試著買一些安全性高的無香無酒精的天然護膚品，使用方法也很簡單，而且絕大多數藥房裡都有賣哦。

5. 要注意避免出現失眠和熬夜的現象。AB型

的女性更容易因此而產生疲勞感，也會造成臉色差等問題。

AB型人減肥大法

下面介紹給AB型人的幾項減肥方法，供大家參考。

1. AB型人要減肥，最適合吃的水果非西柚莫屬，它能幫助消化，分解體內脂肪，削下來的果皮更可放入水中浸浴，真正達到由外而內的瘦身目的。

2. 適合A型人的太極拳、瑜伽、氣功等舒緩定神之類的運動也適合AB型人。

3. AB型人也較易出現冬季單純性肥胖，為減去多餘贅肉，打造完美身材，可多運動，例如，晨跑，飯後散步，站著看電視，多做家務等。

上班族
生存之道

Are You Tired?
Secret Of Stars And Blood Types.

A型人的職場生存

在職場上，學會和A型下屬的相處訣竅，不僅會獲得下級的良好口碑，也能給自己的職場生涯帶來一份可觀的人際財富。

如果你是A型上司

A型人信仰團隊精神，在集體行動中，富於協作精神。他們不論處於什麼環境，都能夠適應、順從，他們一心一意嘗試改變自己，以便調和自己和環境的關係。A型人的集體主義並不是表面行為，而是出自內心的集體歸屬感。通常A型的人比較敏感、孤獨，有憂鬱的傾向，神經比較緊張。同是A型的上司，應該很能充分理解下屬的感受。在日常工作中，要多多鼓勵和關照A型下屬，應儘量

避免直接說出他們的缺點，避免對他們惡語相向，大聲指責，最好採取肯定和讚美的態度。這樣在A型下屬的心中，會充滿感激之情，也會產生效忠之心，從而更加努力地為上司效命。A型人的缺點是依賴心比較強、自主能力比較差，作為上司應當適時給予其鼓勵，可以幫助他更好地發揮出自己的能力和才華。如此一來，A型上司會給A型下屬一種信任感，兩者之間的關係會越來越協調。

如果你是O型上司

O型上司總是認為A型的下屬不夠認真，不夠積極，不夠活躍，所以當下屬展現他的成果時，O型上司往往會以無法認可的態度對待，認為那是理所當然的事。長此以往，A型的下屬會漸漸產生挫敗感，感到上司對自己一點也不重視，更會產生不自信感，甚至會出現喪失工作意願的情形。其實

對於A型下屬來說，他們無非希望被肯定，被委以重任。因而即使是微不足道的工作成果，O型上司做好也予以適當的評價，對其進行鼓勵。當他們的工作無法得到滿意時，要以婉轉的言詞指出存在問題，切忌一針見血，刻板生硬的態度，如此才能打動A型下屬的心，使得他們在工作中加倍努力。A型下屬的責任感通常很強，如果把任務交給他們，他們一定細心謹慎地完成好，同時也會提升其自信。

如果你是B型上司

B型上司感覺敏銳，心思靈活多變，行動力很強。在他領導下的團隊看起來比較火爆，做事情雷厲風行，幹勁十足。而A型下屬默默無聞的工作態度會讓有著自我主義的上司很看不慣，當B型的上司表現出任何不滿時，A型下屬將產生抗拒的心理，兩人之間甚至會陷入一種僵局。B型的上司，

應該在感覺到A型的下屬行為及言詞中有抗議的暗示時，靜心傾聽其表達心中的意見和不滿。將工作交給A型下屬去做時，不要保留小祕密，應該採取信任的態度，遇到任何麻煩時，也要讓下屬知道，並全權交給下屬解決，只有相信下屬，下屬才會赴湯蹈火在所不辭。此外，B型上司說話直來直去的特點也會在不經意間傷害到心思敏感的A型下屬，因此要特別注意，盡可能避免爭執。

如果你是AB型上司

　　AB型的上司在A型下屬的眼中是非常冷峻的，經常一味嚴厲要求下屬，心機深沉，給人一種不可言喻的壓迫感。如果AB型的上司，對A型下屬的工作成果沒有什麼反應，或者沒有及時地對其表示肯定，將使A型下屬十分失望。因為他們很看重領導的看法和意見，每做一件事，都害怕做得不

好，也害怕遭人誤會，十分恐懼失敗，總是小心翼翼、患得患失。AB型上司要儘量避免責 ，令其自我反省，再給其一次機會就好了。鼓勵A型下屬發揮自己的才華，避免觸碰到他們所忌諱的，適當地對其進行物質或者精神鼓勵，適時地糾正他們的缺點，這才是AB型的上司靈活任用下屬的好方法。

透過以上分析可以看出，對待A型的下屬要多採取肯定和鼓勵的方式，尤其要避免打擊和指責，最終以溫和的態度引導其達到自己的標準。

A型+O型：上下級最佳組合組合

A型人性格多穩重、辦事細緻謹慎，與O型人在職場上的表現呈現相輔相成態勢，O型人喜歡直來直去，對人對事不拘小節、做事總是粗枝大葉。反過來，O型的生氣勃勃及其執著專注與顧慮

重重、行動過慎的A型，無論是在一起工作還是生活，他們也都能夠相互補偏救弊、共同前進，可以說是上下級最佳的搭配。

A型領導 vs.O型下屬

如果滿分是10分，A型領導與O血型下屬之間，默契指數高達9.5分。

他們之間的關係可以用融洽、愉快來形容。A型領導按部就班、沉穩內斂等行事方式，可以征服高傲、自負的O血型下屬，獲得他們的尊敬與支持。而O血型下屬在工作中表現出的積極進取、迎難而上等優點，深受A型領導賞識。

O型下屬多好學上進，時常會有很多問題，而A型的上司往往是非常有耐性的好老師，他們往往能夠給予詳細的解答，幫助O型下屬快速成長。

而好勝心、學習能力強且勇於嘗試的O型下屬也不負所望，成長為令A型上司非常滿意的下屬。

O型領導 vs. A型下屬

如果滿分是10分，O血型領導與A型下屬之間，默契指數高達9分。

O血型上司多注重實際，他們非常喜歡A型下屬務實、吃苦耐勞的工作作風，因此，常常對A型下屬給予表揚。

A型下屬有固執的一面，當他們認為自己受到不公正待遇，就會向O血型領導提出想法。如果是私下裡，O血型領導會很認真地聽取意見，只要他們覺得是對的就會並加以改進。如果是公開場合，礙於面子，O血型領導不予理睬。

與A型同事合作愉快的祕訣

人脈是一個人終身受用的無形資產，是通往成功的門票，無論從事什麼職業，只要擁有良好的人際關係，就成功了一大半。如果你的同事是A型的人，也許你會發現和他們相處的時候四周的氛圍比較緊張、敏感。下面，我們就來具體介紹一下不同血型的人和A型同事交往的訣竅。

如果你是A型人

A型人是典型的現實主義者，對紀律和規範既尊重又服從，不善與人相爭，頗能聽取他人的意見。外表看起來很平和，其實內心屏障重重，一旦受傷很難復原。由於A型天生敏感多疑，而且很不善於表達內心的想法，所以當他們內心有懷疑的想法時，會不知不覺地彼此疏遠。這樣兩個A型的同

事相處起來會很勞心。當發現A型同事工作上的存在的問題時，最好要婉轉而親切地提出，助其從挫折中走出來。同是A型的同事，相互之間會有種感同身受的默契，在兩者的心理上沒有什麼芥蒂的時候，彼此親近是極自然的事，這時也應極力避免直接說出對方的缺點或者對其惡語相向。

職場中，最好不要讓A型同事產生失望的感覺，因為他們本質上是比較悲觀的，如果事與願違，往往顯得十分失望，或者一蹶不振，就此喪失了僅有的一點信心。

如果你是O型人

對O型人而言，A型同事是不可忽略的物件。因為A型的人喜歡和每個人取得協調關係，對每個人都是和顏悅色。在合作事宜或工作中，O型的人意見總是特別多，競爭能力也很強，這有利於積極

帶動A型人的積極性。其實，A型的人雖不至於將O型同事當成競爭敵手，但也不易對O型的同事敞開心扉，表面上似乎想要和人親近，事實上並非這樣。雙方出現爭執時，O型的人在不理虧的情況下，通常不會主動讓步的。但O型人要足夠尊重A型同事的意見，給他們留有轉圜的餘地，讓A型人同時說出自己的看法。一般情況下，雙方發生激烈的爭論的時候，只要O型的人堅持自己的主張，A型同事的態度一定會妥協退讓的，而且A型人不會因為曾經的爭辯而產生隔閡的心理，反而還會鼎力相助，與O型同事為著相同的目標共同努力。

如果你是B型人

同事之間，因年齡、經驗以及知識水準的差別，會有不同性格的表現。B型人自我感覺的許多優點，在A型人看起來，可能恰恰是缺點。比如

說，B型的人，十分重視感覺，完全跟著感覺做事，這往往令A型同事感到莫名其妙。有時候只顧我行我素，連做出讓A型人忌諱的事也渾然不覺。B型的人與A型同事相處的時候，最關鍵的一點是，要為大局的利益考慮，保持「退一步海闊天空」的心態。B型血人和A型人成為同事以後，要有「吃虧就是占便宜」的想法，凡事禮讓A型同事三分。表面上看似乎B型血人吃虧，實際上卻是為自己良好的人際關係打基礎，因為A型同事必定會默默回報的。此外，以自我為中心的B型血人，切忌拿自己的優點比較對方的缺點，因為那樣不但找任何不出有參考價值的差別，而且還可能令自己輸得很慘。

如果你是AB型人

在A型和AB型同事的合作組合中，AB型血的人顯得有些急躁，對利益的欲望特別強烈，不考慮

自己在工作中應做多少比例的工作，反而向A型同事提出種種要求。其實A型人也有這種傾向，但和AB型血的同事相比，就是小巫見大巫了。表面上A型同事對AB型的此種要求，常是一笑置之，其實內心已產生警惕心理。

當AB型血的人和A型同事共同完成某項工作時，應該先詢問對方自己能做什麼，或者自己思考該怎麼做。畢竟人與人之間的合作關係，並不是只有一次就終結，和A型人合作完成一項工作之後，如果無法抓住他的心，甚而給他留下不良的印象，則不可能再有第二次合作機會產生。因此，AB型的人想得到A型同事的支持，必須先建立有付出才有回報的心理，否則做任何事都不會成功。

總之，在與A型同事的相處和交往中，要時刻顧忌他們的感受，以誠懇真摯的態度贏得他們的心。

B型人的職場生存

在工作中，我們會遇到形形色色的上司，如果坐在對面辦公室的上司恰好是B型，你怎麼辦呢？別著急，下面是「對付」B型上司的一些技巧。

當你是O型下屬

O型人給人的感覺是個性直率、執行力強，但有時候說話和做事太直接的O型人會給人唐突的感覺，往往容易得罪人，所以在工作上處理人際關係要非常小心。O型人的工作能力往往比較突出，也是B型上司可信任的物件，但是O型人的嘴巴與態度卻是B型上司的眼中刺，O型人毫不婉轉的批評、不經意表現出來的輕蔑態度，都是B型上司恨不得

200

將O型人趕出視野範圍之外的原因。所以，即使O型人有值得驕傲的實力，如果不會處理與B型上司的關係，那麼，誰也不敢保證他不會被B型上司「掃地出門」。

所以，O型下屬為了不冒犯B型上司，避免使其產生不受尊重的心理，並認為你有越俎代庖之嫌，應該在和B型上司一開始接觸的時候，就極力避免我行我素、獨行俠的作風，努力遵從B型上司的意思。這樣的話，關係處理好了，工作自然就可以順利開展了。

當你是A型下屬

A型人優點多多，對工作勤勤懇懇，甚至赴湯蹈火在所不辭。但是，有時候面對B型上司不太合理的命令，心裡難免也會有點怨言，不樂意去做。所以，給A型人一個小訣竅，那就是忠實地去

履行職責，而且全力以赴去完成任務。不愉快就先放在心裡吧，誰讓他是B型上司，而你是A型下屬呢。

勤懇踏實的A型下屬在思維比較另類的B型上司那裡並不討巧，尤其在第一次見面時，B型上司十分喜歡有個性的新人，他們的一個新奇的想法都會得到B型上司的稱讚，即使那個想法有點不切實際。B型上司對任何事情都考慮周全的A型部下也許沒有什麼異議，可惜時間一久，就會對A型這種不痛不癢、沒有太大作為的行為感到厭倦，態度也會逐漸趨向冷淡。明白了這點，你大可不必怒不可遏，雖然你無過，但是你的無功就是B型上司眼中最大的缺點。

所以，A型的你即使對上司所交待的工作有疑問或者有不滿意的地方，最好能提出你獨特的想法，這樣才能換得他的刮目相看，否則千萬別和B

型上司抗議。尤其特別要注意的一點是，在你情緒激動的時候，千萬不要對B型上司做人身攻擊，尤其忌諱「也沒見你的想法有多好」、「你怎麼樣」等語句，否則，只有「死路一條」，乖乖收拾包袱回家吧。

當你是B型下屬

如果你的上司是B型血，而你恰恰是B型下屬，那麼，恭喜你，這種機會非常難得。你一定要珍惜這種難得的機會，好好在B型上司面前表現一把。在四種血型中，B型上司對其他三種血型的下屬不會特別關注，而唯獨對同樣性格、脾氣的B型人最為賞析。所以，B型的你可以將你的能力在B型上司面前隨心所欲地表現出來，而不怕被批評或打擊。

當然，B型的你畢竟是下屬，所以在B型上司

面前，還是要注意自己的態度，儘量表現出你的尊重與敬仰。雖然相同的血型讓你們之間很容易溝通，但上司的年齡往往比你大，為了避免產生不必要的誤解，在做事的時候，你應該謙虛和認真一些，有個下屬的樣子。同時，不能因為得到B型上司的賞析就洋洋得意，你還必須考慮周圍同事的感受，注意維持和他人和諧的關係。

當你是AB型下屬

AB型的下屬有雙重性格，既有A型的謹慎、細緻，又有B型的果斷與愛幻想，所以，總體來看和B型上司相處得還不錯。但是，他們也會有彼此不滿的地方：在AB型下屬看來，B型上司總顯得過於自由、自我、衝動、沒有耐心；而在B型上司的眼中，AB型的下屬有時候冷靜得可怕，過於虛榮和驕傲。所以兩者之間都有彼此看不上眼的地方。

事實上，這些都是小問題，AB型的下屬，如果你多關注B型上司的優點和長處，不那麼在意他的缺點，那麼，你會跟容易與B型上司溝通。尤其在工作的時候，如果你忽視上司的缺點，則自我發展、能力提升的空間將會變得更加寬廣。總之，B型上司的職場閱歷比你要深刻，他們身上有很多你需要學習的地方。當AB型下屬瞭解了B型上司的脾氣與心理，將自己的最大優點展現在上司面前，給予上司足夠的輔助，如此必能獲得上司的好感。抓住一切機會，以禮貌而謙虛的態度和B型的上司溝通交流，那麼，你將會「前途無量」。

當遇見B型下屬，你怎麼辦

一天，你的部門來了一個B型血的下屬，怎麼辦？作為上司，你有責任因「血（型）」利導、

知人善用，以最合適B型人的方式與他溝通，你將能最大限度地調動他工作的積極性，大大提高工作的效率。

如果你是O型上司

對O型上司來說，B型下屬給他的第一印象是活潑、開朗、有個性，但是O型上司對B型下屬往往缺乏細微的觀察，B型下屬喜怒哀樂等情緒，O型上司通常看不出來。其實，作為O型上司，要瞭解B型下屬特立獨行的性格，在工作的時候儘量親自或派人與他溝通，在適當的時候給予鼓勵，最好能將B型人的功勞表揚出來讓眾人知道，這樣一來，再有個性的B型的下屬也會被O型上司征服，工作起來更加賣力，努力地為上司效命。可是，如果O型上司不明白這些蘊含在血型中的奧妙，往往無法挖掘B型下屬的特長，白白浪費人才。

　　同時，對B型下屬來說，如果過於追求精神的自由，不顧及公司的規章制度和團隊合作精神，就會有可能觸犯O型上司，成為被嚴厲批評的對象，即使才華再多，也會來不及展現而被「炒魷魚」。

如果你是A型上司

　　其實在嚴謹細緻的A型上司人的眼中，B型下屬特別容易被批評，B型下屬的散漫、不按規則辦事、難管理、有野心都是A型上司無法忍受的缺點。而對B型下屬來說，A型上司的條條框框又總是把他壓得喘不過氣來，覺得沒有自由發揮的空間，所以經常找藉口逃避一些事情。明白這點，A型上司在任用B型人時，要想讓工作進行得更容易，最好的方法就是放下自己的條條框框，不要把交給他的工作壓得太死，適當放任，給B型人留一些活

動的空間，尤其是太過瑣碎的事情就完全可以不插手。這樣一來，B型下屬在相對自由的空間裡，就能發揮出應有的才華，達到A型上司所期望的效果。其實，B型下屬一向對自己的能力、言行和工作方法相當有自信，且對自己分內的工作相當有責任感。A型上司對待B型下屬最好的法則就是「忍」和「放」，忍住一時的不滿，放開手讓他去做，這樣無論對彼此的關係還是工作來說都是最好的方法。

同時，對於B型下屬來說，在一絲不苟的A型上司面前，還是多多收斂吧，去掉吊兒郎當、浮躁的習氣，你才更容易獲得A型上司的青睞。

如果你是B型上司

因為同是B型人，所以上司和下屬具有很多類似的性格傾向，所以往往能一拍即合，形成相輔

相成的力量，他們之間也能輕而易舉地維持和諧的關係。當然，其中的弊端也非常多：有創意但缺乏可操作性，團隊的凝聚力不夠，沒有規則的約束很容易走錯方向等等。這些都是因為B型人想做就做的個性使然，為了避免產生這種相反的效果，B型上司在任用B型下屬時，應特別注意這一點。

所以，作為B型上司，應該以B型下屬為鏡子，把握和下屬溝通的機會，針對彼此的缺點進行檢討。當然，在督促下屬改正缺點的時候，也別忘了隨時修正自己，和B型下屬一起進步。

如果你是AB型上司

AB型上司在處理B型下屬的關係時，要講究技巧。

對於B型下屬不時冒出的創意點子，AB型上司要給予足夠的重視，如果不經思索將他們的勞動

成果隨意「抹殺」的話，那麼同時也將B型下屬的「創意」和「激情」給「抹殺」了。AB型上司在給B型下屬交代工作的時候，應該全權委託，從計畫、履行到結果安排，這樣才能最大限度調動他的積極性，讓他們死心塌地、開心地工作。

　　其中，比較忌諱的是，AB型儘量不要對B型下屬頤指氣使，他們最不吃這一套。AB型上司在指派命令時，最好婉轉一點，多點鼓勵，這樣會比較有效果。

如何與B型同事「合作愉快」

　　我們與各式各樣的同事共事，其中，一定會有B型血的吧。掌握與B型同事做事的奧秘，我們的工作一定會更加順利和愉快。

如果你是O型人

因為性格上的自我意識比較強、不太容易被他人的評價所影響，所以B型同事比O型同事缺乏全面的協調性，所以O型的你，大可不必拿這點為難B型同事。最好的方法是，在與B型同事合作時，不強調他去做需要太多合作交流的事情，而是在單獨的項目上給他足夠的發揮空間，你們在各自的優缺點上互相補充，這樣才容易取得成功。

在互相合作中，你不要太多干涉B型人的做事方式，如果能取得預期的效果，就隨他好了。當然，如果因為一些基本問題而產生矛盾時，你也不要一味要B型同事認錯，你只需把事情的利害說明白，這樣無論對他還是對你都會比較容易接受。

如果你是A型人

在A型人眼中，B型同事的存在是不可忽視

的，他在工作中確實能給A型同事很大的幫助。想讓A型的你和B型合作更加愉快嗎？訣竅是，共同參與一個專案時，盡可能將決定權交給他，讓他有比較受尊重的感覺，這樣他才會安心而且開心地和你一起工作。當然，這樣並非降低你的位置，你充分發揮你做事情的優勢，不斷出謀劃策，表現你的執行力。相信，你的井井有條、臨陣不亂一定能使B型同事深深折服。

當然，不要和B型同事起衝突，更要避免演變成勢不兩立的情況，這樣B型會無所謂，但是根據性格你可能會非常難受。所以，與B型同事起爭執，對你一點好處都沒有。萬一你們真有意見相左的地方，那麼作為A型的你最好以靜守代替攻擊，這才是明智之舉。

如果你是B型人

B型的你，會和B型同事相處得非常愉快。如果他在某項工作上取得比較好的成績，那麼，千萬不要吝嗇你的讚語，你的一番美言，會讓他非常滿足，對你的好感倍增。如果你們被指派合作一個專案，那麼，你多點請教他的意見，而且儘量以直接坦誠的方式。若有大家需要商量的地方，你也儘量直率一些，這樣都是B型同事比較欣賞的風格。

這些方法，用在剛認識的B型人身上也很管用。只要B型同事將你視為趣味相投的合作夥伴，相信你們的工作一定能進展順利。

如果你是AB型人

一般而言，對AB型的你來說，B型同事是不可多得的好夥伴。在共事時，AB型的你經常可以發現B型同事的優點，並懂得加以利用，以提升工作的效益。

當然，你們之間的矛盾也會比較多，學會如何消除你們之間的矛盾，成了你們共同工作時最重要的問題。和B型同事共事時，儘量不要帶著批評對方的心情，而且也不要不滿的心思表露在臉上。萬一有任何摩擦，造成雙方的不滿，一定要趕緊解決，否則小小的不滿累積成大矛盾，問題愈積愈大，很容易造成不可收拾的局面。AB型的你儘量多讓著B型同事，這是你和B型同事「合作愉快」的最大技巧。

如何應付B型血客戶

與客戶打交道是一門交往的藝術，我們不妨以血型為切入點，相信能給那些經常接觸到客戶的朋友們提供一些幫助。

如果你是O型業務員

O型人凡事十分冷靜且重理論，但B型客戶比較自我而且喜歡跟著感覺走，兩者的思維方式似乎完全不一樣，讓人不禁懷疑這兩種人會不會像兩條平行線，永遠沒有交匯的那一天。事實上，這只是表像，兩者中間存在許多相似的特質，可幫助他們建立相當不錯的關係。

O型人很容易表現出給人值得信賴的樣子，B型人同樣拒絕不了別人的真誠。所以O型人在與B型客戶溝通時，儘量表現出你的真心真意，在這種真誠的推動之下，O型人很容易獲得B型客戶的信任。

在交流的過程中，O型人一定要懂得尊重B型客戶，時刻站在對方的立場，這樣才更有說服力，增加對方相信O型人產品的信心。

如果你是A型業務員

B型客戶給A型人的第一印象是親切、爽朗和健談,所以,在第一次見到B型人時,A型人往往會竊喜,以為面前的客戶很容易對付。事實上,B型客戶是屬於「堡壘」型的,往往久攻不破。

在A型人深入介紹產品時,B型客戶往往會心不在焉,顧左右而言他,讓人很疑惑他到底對產品感不感興趣。這時,A型的你千萬不要著急,仍要保持你的禮貌與風度,不要太早對事情感到灰心喪氣。這裡有一個訣竅,B型客戶比較感性,喜歡憑感覺做事,你要想盡辦法找出產品裡能打動他的地方,滿足他當前需求的,讓他覺得買下這個東西好處多多。同時,你要不惜你的讚美,誇他的品味、眼光和時尚等等,一定可以打動他。

如果你是B型業務員

當你是B型血時,遇到B型血客戶是比較幸運

的事情。相同的性格脾氣基本能讓你們在第一次見面時「一見如故」。你們有很多共同的話題，並常常能引起共鳴。

你們在經過幾次溝通後，常常能在小範圍達成一致，合同的簽訂也會順利地進行。當然，這只限於一些比較小額的交易，想取得巨額的重大的合同的簽訂則需要花費一定的時間。所以，同作為B型血的你，要認真分析他舉棋不定的地方，並針對這些問題主動給他答疑。學會主動、耐心地追蹤客戶，是贏得客戶的一個重要技巧，對付B型客戶尤其需要掌握心理戰，B型業務員應該特別留意這一點，將眼光放遠，有助於長久關係的建立。

如果你是AB型業務員

AB型業務員和B型客戶的交談總能在愉快和睦的氣氛中進行。B型客戶也總會在開始時表達對

AB型業務員的贊同，因為AB型人在對產品的解說方面幾乎無懈可擊。但是，B型客戶又會在冷靜下來後，從AB型業務員完美的陳述中找出破綻，因此B型客戶懷疑的態度總會在後期表現出來。所以針對這些情況，當B型客戶提出疑點時，AB型業務員必須提前準備充足的理由給予一一化解，為疑點找出一個合理的解釋。當AB型業務員再次能讓B型客戶滿意時，這筆生意幾乎就能做成了。所以，在說服B型客戶時，AB型業務員一定要對自己的產品有足夠的認識，無論優缺點都能自圓其說。

O型人的職場生存

如果你是A型下屬

A型下屬最忌諱的就是對領導陽奉陰違的情形發生了。如果你的上司是O型人，你若對他所命令的事不去遵守，這在他看來是很難容忍的，他會認為這是你對他極不尊重的表現，會十分生氣。但是A型人能很快地分析整個事情的來龍去脈，歸納條理，對於說服O型上司他們有自己的一套。也許最初O型上司會被A型下屬的巧言妙語所迷惑，並且很容易接受，但是慢慢地他就會參透其中的緣由，一旦這種情形再發生，O型上司將會變成一個很嚴厲的、毫不留情面領導。以上這幾點就是A型下屬對待O型上司時應該特別注意的。

以什麼樣的態度對待O型上司才是最恰當的

呢，可以總結歸納為兩個字：服從。默默地克盡義務，默默地執行命令，把報告做的盡可能地詳細。任何事都盡可能地按照O型上司的意見去執行，並做好協助工作，要知道O型上司需要的不是一個對手，而是一個助手，少說多做，責無旁貸地完成自己分內事就是最好的。此外，O型上司與A型下屬溝通的時候，O型上司會做少許的讓步，A型下屬應盡力守住基本原則。

假如你對O型上司的做法感到不滿，那麼請用最好、最直接、不帶責備又不會傷害到他的語氣和態度對他講出來，請他注意並加以改正，如果你的建議或意見完全合理，那你肯定能收到良好的效果，因為O型上司基本都會欣然接受。

如果你是O型下屬

O型上司的特點是一定要把事情做好才可以

放心，O型上司大都具備豐富的常識，自己制定管理的各項規章制度，並要求部下一定要遵守，同時，重視大眾的觀念也是O型上司的特徵之一。然而O型下屬往往明知領導的脾性卻總是無法服從，這樣久而久之你說你的，我幹我的，肯定是兩股繩擰不到一塊兒去，O型上司和同血型的下屬就很難保持良好的關係。

O型上司，對待下屬大多比較親切，做決定的時候也會和下屬商量並徵求下屬的意見，他們採取的不是命令式的態度而是有事拜託的姿態。只有問明白了你願意照著他的意思去做，他才會定下決策。所以當你的上司有此意的時候，你最好特別留意一下，不要斷然拒絕，免得不給上司面子，使他難看。

此外，O型的下屬，從心底裡就很難和O型上司親近，作為同血型的一對上下級關係，二者確實

是個矛盾體，作為O型的下屬被上司斥責是再平常不過的了，所以最好有點心理準備。

如果你是B型下屬

在O型上司的意識裡，B型的人是很熱情真誠的，但是他們的缺點在於愛說大話而且信譽度不高，經常會給領導惹來麻煩和事端。一旦B型下屬對O型上司感到不滿的時候，一般都會指責上司只為自己著想，對員工要求太苛刻，總是把困難推給別人，如此一來，上司自然會很生氣，相處起來也不愉快，兩者之間的關係也就會越來越糟糕。那麼，B型的人請你不要顧忌太多，把你對上司的意見中肯地和他提出來，而且當著他的面提出來，不要在背後議論紛紛，私下裡和同事說領導的壞話。O型的上司對於態度謙和的下屬沒有脾氣，並且會聽從你的建議。所以只要你有表達的勇氣，勇敢而

直接地説出心中的不滿，無論上司是否採納你的意見，都有助於你打開心結，消除誤會與不滿。

B型人在工作中是很順人的，他們一般都會聽從上司的意見，絕對遵從上司的命令。但是B型人天生不喜歡在壓力下生活，雖然他們對於上司的命令和意見表示遵從，但往往使自己陷入疲憊之中，常有不勝負荷之感；所以B型的人在O型上司的面前，只會在背後大發牢騷，而沒有勇氣説出自己的不滿。

如果你是AB型下屬

AB型的人，對於O型的上司做出的交代和批評，一般要認真記下，並提出建議性的意見，這樣上司才能信任你。當你得到別人的信任後，你就容易對O型上司產生歧視的態度，一旦你嘗到甜頭，你就會對上司不夠尊重。當你有所轉變的時候，

這時O型上司會馬上轉變態度，有更特殊的也許就會利用自己的職權打壓你，甚至更有甚者讓你從此坐冷板凳。AB型的下屬要避免和O型的上司成為敵人，在這方面你要特別地注意。一旦你們陷入對立的處境，那對你來說將是非常恐怖的一件事。

由於具有超強的實際行動力，又可以很迅速地將工作完成並且做好的AB型下屬，並不習慣將工作中的細節部分，十分詳細地向上司報告。不過，假如想贏得O型上司的好感，很多必不可少的的工作，即使細節繁多，也要在短暫時間內，把工作的細節和最終結果，一一詳細報告給上司聽。O型上司對待AB型下屬，對其能力一般可以予以適當的肯定，並且有一定的信賴感，然而，假如AB型的人逾越了本來的工作範圍，並且做到獨當一面，反而會給O型上司帶來一些不安全感。

對於O型人，切忌向O型上司隱瞞事情的真

相，一旦沒做好工作，或是沒有完成計畫，做好的辦法是把事情一一說清楚，如果這件事是自己不知道的，他們是不會輕舉妄動的。

O型+O型：最佳職場搭檔？

因為性格的原因，O型與O型的職場搭配會產生最為激烈的對立關係。O型人具有強烈的自我個性，他們好強、獨立、不服輸的特點，讓他們合作起來，誰也不服誰，誰也不聽誰的。若是牽扯到利益衝突，他們的鬥爭會相當激烈。

為了爭奪各自的利益，他們合作起來會耍陰謀、使手段，造謠中傷對方，或者千方百計地扯對方後腿，不僅無法合作，嚴重起來會達到「同歸於盡」的地步。這對於企業的利益與發展是毫無幫助的，而且會破壞企業的團結，拖垮企業。但若能夠

引導他們的對立競爭往良性發展，使他們感受到合作的樂趣，而非鬥爭的心力交瘁，就能夠帶動企業的發展，有助於企業向心力的形成。

所以，O型與O型絕不是最佳職場搭檔。

如何與O型同事「合作愉快」

如果你是A型人

對於A型的人來說，他們的O型同事非常好相處，和他們合作一般都很愉快，在工作中，O型同事也是相當容易合作的伴侶。假若A型的你，不論在生活或工作之中，常把同事的勸解當做耳旁風，把你和O型同事的良好友誼不當回事，要是一直這樣下去，A型的人一定會遭到O型同事的反感，對於A型人的態度也會發生一百八十度的大轉彎，以後，他們將很難再向A型的你敞開心扉。

我們不難發現，上面所說的一切在現實中都將得到驗證，無論在任何情況下，假若A型的人想取得O型同事的贊同與支持，一定都要為O型同事著想，以他為重心，站在他的一邊，切勿忽略了他的存在。

如果你是B型人

B型的人想要獲得O型同事贊許支持的第一條件，就是要有充足的信心和積極明快的步調。B型人的很多言談舉止，在O型同事的眼中往往讓人捉摸不透，B型人是典型不被信賴的人，他們就是那種吃著碗裡看著鍋裡，意志不堅頂的一類人。所以，儘管B型人本身具備很強的能力，但是他們的堅定力卻是太讓人歎息了。O型的人往往會盡心盡力地幫助有求於他的B型的人，儘管這樣，他們成為交心的朋友、親密夥伴的幾率也是非常地小，那

是O型人從心底裡，從未把B型人當做是一個強有力的工作夥伴。

B型人有著明確的目標，一直在不斷地朝著這個目標與方向前進，但是他們所欠缺的就是別人在背後的推動力。而B型人恰恰將O型人當做他心中的榜樣與典範，他們認為O型人是一個心中合適的效法物件。作為同事，在O型人與B型人的關係中，B型人不是任何事都願意依賴他人，而是一個凡事都愛親自動手的人。

如果你是AB型人

在O型同事與AB型人的組合中，AB型的你，若想獲得O型同事的長期支持，定不可一味地堅持自我主張，而是應該先徵詢對方的意思。

在AB型與O型同事的關係中，AB型的人，總保持默沉默，不願意表示任何意見，總是保持沉默

行動的態度。即使很需要0型同事的 明，也總是不改變原有的作為。此外，即使十分堅持自我主張，也不會將想法表達出來。

　　所以AB型的你，如果想將自己的意思表達給0型同事知道，想取得0型的同事的支持，不妨以婉轉的態度表達，先說出自己的意思，再詢問對方覺得如何。這樣才能讓0型同事接受自己的意見，並認真考慮其可行性。就整體性而言，雙方能得到良好的溝通，才能建立起互相信賴的關係。

如果你是0型人

　　一般情況下，同一血型的人比較能準確掌握對方的心理行動，從然談舉止之中，可以瞭解對方的想法立場，當雙方站在同一立場的時候，更能站在同一陣線，守護自己的疆土。若想抓住0型同事的心，唯一的訣竅就是將心比心，隨時為對方著

想，如果你能瞭解O型同事的心情，就能應付他的各種舉動。

在各種血型當中，O型的人占很大的比例，所以，如何和O型人建立良好的人際關係，成為一件十分重要的事。

O型人有著怎樣的創業格局

O型人是四個血型中最熱衷創業的了，他們個性隨和、待人熱情，廣受大家喜愛，因此人際關係不錯。

O型人個性衝動，創業的O型人急於求成，頭腦容易發熱而讓自己做出衝動的事情。他們個性直率，又是富於行動的行動派。只要他們想到的，就會第一時間去做，加之他們固執的個性，很難聽進其他人的建議，容易冒進。心思細膩、行事謹慎的

A型人是O型人最理想的創業副手。

　　總而言之，O型人屬於「衝動型「創業家。

如何贏得O型客戶

如果你是A型人

　　O型人，是性格堅毅，不怕失敗的、富有自信的人。他們常常在在實際中，幫助O型人達到成功。在做商品銷售的時候，O型客戶會對A型人一絲不苟、認真負責的精神留下很好的印象。但是，在輕鬆愉悅的氛圍中，O型人也不會輕而易舉的與人做交心之談，O型人總還是不甘心沿著別人計畫的模式行事，而是按照自己的想法辦事，有自己的一套。所以如果A型人心思太細膩、策劃過於精心，這也許不但得不到O型客戶的好感，反而會給其留下不夠實在的印象，最終使O型客戶緊閉心扉，不

願誠心交談。

作為A型的你，在和客戶做完簡單的報告之後，應該對自己有足夠的信心，不要過於急躁，在客戶表態之前，切勿輕易暴露出自己的想法。此刻要做的是對自己有足夠的信心，切忌操之過急，應該安下心來，等待對方的表態。要對O型客戶的意見表示尊重的態度，而且對他的精神表示景仰，禮貌客氣地接待他，要使O型客戶對你有一個最初的好印象，而急於輸贏勝負，往往是自取失敗的開端。如果上述各點都注意到了，你一定能掌握成功的機會，和O型客戶相處順利。

如果你是B型人

如果想要和O型人建立良好的客戶關係，操之過急是千萬不可取的。不要因為一兩次談話不投機，就武斷的斷絕與O型客戶的來往；B型向O型客

戶做商品銷售的第一印象往往是不壞的，但是想要更深入的與他交談往往會比較困難，但是O型人是樂於幫助別人，心胸開闊的人，他們很容易接受他人提出的意見，因此，只有給予他們一些耐心，從小處著手，從點滴中讓對方體會到你的誠意所在，那樣他們就會很容易接受你的意見，然後慢慢地接納你。

B型的你，在前兩次與客戶會面的時候，說話說得天花亂墜，維持不了多久，熱情便慢慢消退了。這一點，隨心所欲而活潑的B型人應該特別的注意，時間久了，O型客戶便很容易對你失去信任感，缺少了信賴感。在契約訂下之後，O型客戶依然是守信用的人，不會言而無信，出爾反爾。在事情發展允許的情況下，O型客戶提出的問題，往往都是B型人能力範圍內的。總而言之，路遙知馬力，日久見人心，憑藉可靠的實力，才能最終贏得

他人強有力的信任，和O型客戶打交道的方法，也不外乎如此。

如果你是AB型人

AB型人對人和藹可親、心思細膩，會說話，留給客戶的印象也很不錯；千萬不要對O型客戶進行長篇大論，因為無論AB型銷售人員口才多好，說服技巧多麼強，對看重理論的O型人來說，都是枉費心機。用精准無誤的言語、簡單精練的報告來說明情況，滔滔不絕地發表意見，企圖與O型人建立良好客戶關係的AB型人將使效果變得適得其反。比如，你可以在推銷新產品時，給O型客戶直接拿出產品清單給客戶作為參考，如果有實物也可以拿出來直接說明，然後請客戶試用，同時詢問對產品有什麼意見，有沒有什麼地方不清楚，或是。做完這些，AB型推銷員最好最好等待O型客戶提問問題，

反而不要給產品下任何定論。如果客戶有問題拿來問，都要認真回答，不管問題困難與否，都要耐心地給客戶解答，做到這樣對於AB型的你不算是能力範圍內的事。

O型人往往注重真實而單純的東西，信任實在而簡單的東西。因此在與O型客戶相處的時候，最忌諱用天花亂墜的詞語來扭曲實情。AB型的你，無論對待何種客戶，只有誠心誠意的對待，你們一定能有愉快的合作。

如果你是O型人

同一血型人，比較容易瞭解彼此的個性，O型的推銷員，如果能站在客戶的立場說服他，則效果會比較好。但是由於雙方的自尊心都極強，自我表現欲和自我肯定的信念都相當強烈，一旦雙方意見衝突，O型客戶就成為O型推銷戶難以應付的對

象。所以對O型推銷員而言，為了順利達到目的，必須特別小心，不要和客戶意見衝突，寧願退後一步，多多傾聽客戶的意見。在聆聽的時候，可以對對方的興趣、思考方式、知識水準作一個判斷，這樣會使你知道如何投其所好。

一旦投其所好，就能讓客戶對你產生信賴感，這就是退一步海闊天空的道理。道理雖然簡單，做起來可不容易哦！

AB型人的職場生存

　　AB型人非常的厭惡攀附富貴和阿諛奉承，對很多現象嗤之以鼻，並且非常注重公平和自由，容易引起同事的反感。

面對A型上司

　　AB型的冷靜、客觀和一流的判斷力持讚賞的態度，更對他們不拘泥於習慣和經驗非常欣賞，認為他們是非常有能力和有創造才能的人才。但是AB型的散漫和沒有堅持力會讓A型的上司感覺到是個人才，但是不肯努力，只要努力一定能夠做得非常到位。但是卻不肯用心，總是敷衍了事的樣子。

　　面對A型的上司，要勇於展現自己的優點，讓自己的冷靜判斷力發揮到極致，也要非常努力，

不斷地調整目標，讓上司看到你的進步。

面對B型上司

AB型的平靜與與世無爭在B型人的眼中就變成了冷漠，不善於團隊合作，總是拘泥於自己的小天地，豐富的創造力在上司的眼中也容易變成做事情沒有條理。讓上司感到做事沒條理，沒有團隊精神，更是對團隊沒有信任感。

因此，面對B型的上司，努力發揮自己善於交際的一面和勇於承擔責任和工作的一面，學會團隊協作，給予集體和上司充分的信任。

面對O型上司

AB型的能力是O型非常欣賞的，他們樂於接受有能力有思想的員工，他們也能夠看到下屬的努力和進步，能夠接受AB型員工天馬行空的創造力。

但由於AB型員工的太過不羈，他們也會有隱隱的不安，總是害怕AB型員工的能力超越自己。

所以，AB型部下要注意到不僅僅要努力工作，更要注意跟上司的交流。上司更在意的不是你的創意好不好，而是你的態度。多多溝通，多多詢問上司的意見，讓上司瞭解你在做什麼才是讓上司敢於放權的好辦法。

面對AB型上司

能夠碰到同血型的上司是一件非常難得的事情，這個概率大大小於其他血型的概率。由於相同的基礎性格，所以彼此溝通起來並不存在非常大的問題，對於一些事情兩人更容易達成共識。

由於AB型對自我的要求非差嚴格，那麼作為下屬要跟得上上司的步伐，要注意自己的態度，遵守公司的章程。要謙虛，不張揚，低調且有內涵。

同時要注意自己的言行舉止，充分聽取上司的意見，認真執行上司的指示。

AB型+AB型：最佳職場搭檔？

AB型與AB型的職場搭配屬於「事不關己，高高掛起」的類型，因為AB型性格的原因，他們都不會對對方的隱私感興趣，所以他們共事就是「相敬如賓」的模式。

正因為不感興趣，他們不會建立起對立關係。雖然難免會在工作中遇到摩擦和利益衝突，但他們都會做出適當的妥協，他們不喜歡惹起事端。但他們和諧共處的狀態不會給企業利益帶來良性競爭，自然不會對企業產生良好的促進作用。

因此，優秀的領導者會合理利用血型的魅力，使他周圍的血型人際關係更加複雜、微妙一

些，讓最佳血型性格搭檔組合在一起，這樣有利於工作的開展，也有利於企業的利益。

AB型人有著怎樣的創業精神

有些人適合自主創業為自己打工，有些人天生就是當領導的材料。這些都屬於精英人才，那麼他們之間都有哪些共同點呢？

從血型角度上講，很多大公司名企業的老闆或者乾脆就是自主創業者都是AB型，AB型具備創業性格，面對工作激進，偶爾有些極端，很多工作狂人都出自這個血型，比如世界首富比爾·蓋茨。另外AB型人比較理性，遇到問題總是能理智地面對。因此，這類型的人通常具備冷靜和專心的判斷特質。

另外，相比較其他血型的性格而言，AB型人

在追求成功的過程中會更堅韌，也正是因為他們的堅持，才更容易讓他們在事業上接近成功。雖然如此，他們的缺點也很明顯，他們往往在遇到利害衝突時，表現得太過冷靜，從而給人一種冷酷無情的感覺，故在職場有不近人情之嫌，所以，AB型人要想在創業的路上一帆風順，還要多在人情世故上予以加強，AB型的成功創業者一般都是「冷靜型」的創業家。

如何與AB型同事「合作愉快」

如果你是A型人

不要在AB型人面前逞口舌之快。AB型人最討厭膚淺的人，光逞口舌之快容易使AB型人感到你的膚淺，他們並不在意你是否是個成功人士，更多的是在意你的本質是什麼。

要充分表達自己的感覺，讓AB型人感覺到你並不複雜，和AB型人直來直往更能夠得到他們的好感，他們生來對人有隔膜感和不信任感，你的直爽更能夠讓他們放心，讓他們感到你是被他們所瞭解所認知的。

把握他們的人生特色。你知道他們的性格，更容易去摸准他們的脾氣，加之A型的你是一個能和任何人和睦相處的人，又是一個會關心人和良好的傾聽者，所以AB型人和你合作一定會很愉快。

如果你是O型人

O型的你是一個大公無私，喜歡幫助同事的人。在你同AB型交往的過程中，你會給他們很多無私的幫助，他們也會欣然接受你的幫助。但是如果你對他們越來越好，不求回報，會讓他們對你產生懷疑。人的心理是非常微妙的，尤其是對於AB型人

來說，這樣的好處太多，會讓他們失去安全感，失去信心，而非是覺得兩者之間的關係會日益密切，AB型的同事會本能的疏遠這份關係。

所以，當你面的AB型的同事時，要善於把握同他們相處的度，不要過火，也不要過冷。而且O型的你要學著收起自己嚴肅的態度，雖然是為別人好，但是比較緩和的態度更能讓對方接受。你應該使自己的心思更敏銳一些，這樣有助於你去瞭解AB型同事的內心，也能夠加強你們之間的交流，使你能夠在工作中得到他們的協助。

如果你是B型人

對你而言，AB型的同事是非常有魅力的，無論在什麼場合，AB型的同事的表現會讓你感到有魅力，因此你也想更多地瞭解他們的想法，去傾聽他們的聲音。但是由於你的性格的原因，你容易隱藏

起自己的個性和聲音，不容易和AB型的同事說過多的話，但是會是一個好的傾聽者，會贏得他們的青睞。

你經常能夠從AB型人身上學到很多東西，這也是你為什麼喜歡AB型的同事講話，因為你可以同他們的交流中不斷地學習。在這種接受與被接受的關係中，你往往會和他們保持良好的關係，會因此而得到AB型同事更多的照顧。

如果你是AB型人

由於是同樣的血型，所以你們更能夠瞭解對方的情緒，你們都瞭解對方是外冷內熱的人。雖然外表像是不好相處的人，往往還帶點清高的意思，但是其實你們是一個非常好相處的人，對你們不熟悉的人往往會對你們產生誤解，其實你們是可以為他們拋頭顱灑熱血的人，永遠懷著一番赤誠。

作為同為AB型的同事，你們很會為集體著想，為對方著想，你們善於去發現對方未說出的話，給對方留有更大的空間和餘地。你們能夠成為非常好的朋友，能夠在患難中相互幫助相互扶持。所以當你有一位AB型的同血型同事時，要珍惜，因為他們能夠成為你某種意義上的知己。

如何贏得AB型客戶

如果你是AB型人

　　能夠碰到AB型的客戶是一件不容易的事情，小概率事件的出現也意味著是你的幸運畢竟你非常瞭解他們的心理，更容易把握他們的情緒。雖然有如此的優點，但是也不能忽視對方也可能非常瞭解你的心理，所以你們之間的交流就像是高手的對決，不可以有一點投機取巧，虛假的東西一言就會

246

被對方看穿。

但是在生意場上，並不能因為你對AB型的瞭解而放鬆對客戶需求的跟進。對待他們，更要把自己的耐心與細心表現出來，光是誠意還不足以構成成功獲得客戶的方法。同是AB型人，在看待問題上也會有同樣的方式，也容易出現同樣的固執，因此更需要去包容客戶的這種固執，才能夠達到滿意的結果。

如果你是A型人

A型的你是一個有親和力的人，你溫柔的舉動能夠贏得AB型的好感。AB型人通常看起來是外冷內熱，經常表面看起來話不多，態度一般來說也不是很好，對人總是有一種莫名的疏離感，但是AB型的客戶還是非常喜歡A型親切、自由的舉動的，在頻繁的接觸中會逐漸打開自己的內心。

當你面對AB型的客戶時，一定要讓自己的話題引起他們的注意，這樣你才能夠進一步闡述自己的產品，即使沒有得到AB型客戶的回應也不用害怕，他們並不是沒有興趣，可能是在思考，這個時候你不妨問問對方是否有什麼疑問和想瞭解的，等待著客戶發話，並給予真誠的解答，這樣更容易贏得他們的好感。

如果你是O型人

O型的人，對於AB型人來說有著強烈的吸引力。同樣，O型的人也總能發現AB型人身上的閃光點，因此，你們的初次見面會比較和諧。AB型的客戶，會被你的理性魅力所吸引，在這種良好的氛圍中進行會話，將會是一個良好的開始。你可以趁此把握機會，掌握住主動權，並且維持好現有的友好局面。

在你和AB型的客戶交往中，你的理性雖然是他們所喜歡的，但是由於AB型人領悟較差，他們還特別堅持自己的看法，所以會讓會話顯得有些僵局。在這個時候你應該發揮你的耐心，讓AB型的客戶有發揮的空間，並且不要過於跟客戶計較，更不要去推翻他們的觀點，這樣的話你的成功的幾率就會非常大。因為AB型人，他們非常不喜歡自己在爭論中敗陣下來，一旦敗陣下來，他們會產生非常落敗的情緒，讓自己提不起興致來。本來對你已經卸下的心房也會重新關閉。所以當你必須和他們爭執時，不妨退一步，聽聽他們的意思，然後不去爭論，把生意談好達到自己的目的才是首要的。

如果你是B型人

你是一個面對客戶可能會突然不知所措，腦袋一片空白的，講不出任何話的人。這個時候你需

要的是一個緩衝期,去組織你的語言,這並不是一件有弊而沒有利的事情。因為你局促反倒會讓AB型的感覺你沒有危害,會讓他們本能地產生可信賴的感覺,所以你的弊端反倒可能成為你的有利條件。

　　所以,在你面對客戶時,要勇敢地表現出自己真誠的一面。你不需要多麼華麗的辭藻,只需要將你的產品完完整整地表述出來,認真誠實地回答AB型客戶的問題,讓他們對你產生信賴感,那麼你就會成功的贏得了他們的心。

這一生沒做，一定會後悔的20件事

為你的人生寫一個「劇本」！

參加一次葬禮，感受生命的意義！

發表一篇文章或寫一本專著！

最重要的，給自己的進步鼓一次掌！！

想要成長、想要事業成功的人都要做到的20件事！

現在不做，以後一定後悔的20件事

人生需要風景，生活亦要點綴。

好一點的生活是什麼？無非是精神世界和物質世界的滿足。

可是太多人被工作佔據了全部生活，在急於前行時，忘了應該放慢腳步構建情感與享受生活……

黃鼠狼-職場上最需遠離的小人

職場是個殺戮戰場。

辦公室,其實就是社會的縮影。在這個小社會裡,人與人之間的關係,可以很複雜,也可以很單純,這完全要看你如何表現自己。

辦公室裡的距離如何拿捏?如何分清楚誰是黃鼠狼?你得睜大眼睛瞧一瞧……

後宮職場生存術

會讓職場永不安寧,就是那些所謂的「鳥頭族」
——小人。

有他們在興風作浪,這些度量狹小的鳥族,專門做一些偷雞摸狗、見不得人的事,只要有他們在就會宣起一波波浪潮。

職場上如果沒有這些人會多好?只可惜那是不可能的事,因為權力與金錢永遠是玩不膩的遊戲,所以面對這些老鼠屎,只有加強自己的防衛能力了。

老闆不狠公司不穩

規則是防止人犯錯誤，制度是懲罰犯了錯的人。

過去的管理者是「經理」，表現為控制者、干預者、約束者和阻擋者；現在的管理者應該是「領導」，表現為解放者、協助者、激勵者和教導者。

辭退員工容易形成一種比較緊張的企業氣氛有什麼不好。緊張對人是好事；太寬鬆了，就讓好多人本身的惰性暴露無疑。

管理的絕招是什麼？就是執行，無條件的執行。而且服從、完全服從、絕對服從。

老闆和對手都不教的30種真本事

今天工作不努力，明天努力找工作。

在殘酷的商界，只有業績才是最真實也是最現實的事情，其他都是美麗的謊言。一流的企業培育高效能員工，高效能員工造就一流的企業。

真正的人才也可以分為四種：第一種為帥才，可以幫老闆做決策；第二種是將才，可以幫老闆統領一個企業；第三種是幹才，可以幫老闆做很多事；第四種是專才，可以彌補老闆在某一方面的不足。

永續圖書
線上購物網

www.foreverbooks.com.tw

◆ 加入會員即享活動及會員折扣。

◆ 每月均有優惠活動，期期不同。

◆ 新加入會員三天內訂購書籍不限本數金額，
   即贈送精選書籍一本。（依網站標示為主）

專業圖書發行、書局經銷、圖書出版

永續圖書總代理：

五觀藝術出版社、培育文化、棋茵出版社、達觀出版社、
可道書坊、白橡文化、大拓文化、讀品文化、雅典文化、
知音人文化、手藝家出版社、璟珅文化、智學堂文化、語
言鳥文化

活動期內，永續圖書將保留變更或終止該活動之權利及最終決定權。

■ 謝謝您購買本書,請詳細填寫本卡各欄後寄回,我們每月將抽選一百名回函讀者寄出精美禮物,並享有生日當月購書優惠!
想知道更多更即時的消息,請搜尋 "永續圖書粉絲團"

■ 您也可以使用傳真或是掃描圖檔寄回公司信箱,謝謝。
傳真電話:(02) 8647-3660　　信箱:yungjiuh@ms45.hinet.net

◆ 姓名:＿＿＿＿＿＿＿＿＿　　□男 □女　　　□單身 □已婚

◆ 生日:＿＿＿＿＿＿＿＿＿　　　□非會員　　　□已是會員

◆ E-Mail:＿＿＿＿＿＿＿　　電話:(　)＿＿＿＿

◆ 地址:＿＿＿＿＿＿＿＿＿＿＿＿＿＿＿＿＿

◆ 學歷: □高中及以下 □專科或大學 □研究所以上 □其他

◆ 職業: □學生 □資訊 □製造 □行銷 □服務 □金融

　　　　□傳播 □公教 □軍警 □自由 □家管 □其他

◆ 閱讀嗜好: □兩性 □心理 □勵志 □傳記 □文學 □健康

　　　　　　□財經 □企管 □行銷 □休閒 □小說 □其他

◆ 您平均一年購書: □ 5本以下　□ 6～10本　□ 11～20本

　　　　　　　　　 □ 21～30本以下　□ 30本以上

◆ 購買此書的金額:＿＿＿＿＿＿＿

◆ 購自:＿＿＿＿＿＿市(縣)
　　□連鎖書店 □一般書局 □量販店 □超商 □書展
　　□郵購 □網路訂購 □其他

◆ 您購買此書的原因: □書名 □作者 □內容 □封面
　　　　　　　　　　 □版面設計 □其他

◆ 建議改進: □內容 □封面 □版面設計 □其他
　　您的建議:＿＿＿＿＿＿＿＿＿＿＿＿＿＿＿

讀好書品嘗人生的美味

你累了嗎?
上班族星座╳血型解析大公開